魅惑のスパイスごはん

ビリヤニ

ビリヤニ太郎

自由国民社

CONTENTS

はじめに

日本ビリヤニ協会について

　日本ビリヤニ協会は、2011年3月に日本でのビリヤニ普及活動を目的として立ち上げられた団体である。

　元々は現「ビリヤニ大澤」の店主、大澤氏を中心に私も含めた有志で集まって、ビリヤニを食べる会などを行っていただけであったが、ビリヤニに対する愛が強くなりすぎて、より本格的にビリヤニの普及活動を行うために協会として発足した。

　そもそもなぜ、普及活動を行おうと思ったかというと、当時日本でまともなビリヤニを出すお店がほとんどなかったからである。後ほど本書に登場するが、今以上にフライパンでカレーとお米を炒めただけの「うそビリヤニ」がはびこっており、日本の皆さんに本当のビリヤニの美味しさを知ってほしいとの思いで、活動を始めたのだ。

　そのため日本ビリヤニ協会は、
「ビリヤニを国民食へ！」
昼食のときに「ラーメン、牛丼、
ビリヤニ」で悩む日を目指して。

というスローガンを掲げて活動を行っている。

　日本ビリヤニ協会も2023年で発足12年となり、現地で行っているような野外で薪や炭を使ってビリヤニを作るビリヤニBBQであったり、現地で習ってきたレシピをもとに行うビリヤニ料理教室であったり、炊飯器で簡単にビリヤニを作れるビリヤニキットを開発し通信販売を行うなど、ビリヤニ普及活動は多岐にわたっている。またコロナ禍では感染症の流行の影響で苦しんでいる、ビリヤニを提供するレストランを助けるために、お店のビリヤニを冷凍して通信販売を行った。

　私は発足当初、主に調理を担当していたが、2013年からは2代目の会長として日本ビリヤニ協会を引っ張ってきた。

　そもそも私のビリヤニとの出会いは、大学の春休みを使って行ったインドへの1人旅である。少し話は戻るが、中学高校と部活動に明け暮れ、大学でも部活に打ち込むつもりで入ったものの、1年目に怪我をして、競技を断念して部活を辞めてしまった私は、目標を失い、人生の

岐路に立っていた。いっそのこと大学を辞めてしまおうかと考えたが、そこは思いとどまり、とりあえず自分が好きなことをやってみようと始めたのが、食べ歩きである。

　元々食べることが大好きで食には興味があったが、毎日食べる日本食に飽き飽きしていた。そこで外国の食を中心に食べ歩きを始め、見事ハマったのがインド料理であった。

　元々ハマったらとことん突き詰めたくなる性格だったので、日本で食べるインド料理ではなく、本場のインド人がインド人のために作ったインド料理を食べてみたいと思って、インドへの1人旅を決意したのだ。

　実際にインドへ行ってみると、本場の料理は日本で食べるカレーとナンのようなシンプルな組み合わせだけではなく、まだまだ食べたことのない独自の料理があるのだと思い知らされた。

　そして、その中の1つがビリヤニである。忘れもしないが、インドについて4日目、タージマハルで有名な都市アグラで、たまたま立ち寄った屋台で食べたのがビリヤニだった。

　お米の食感、鼻から抜けるスパイスの香りなど、今まで体験したことがない味に衝撃を受けた私は、一瞬でビリヤニの虜となってしまったのである。

　日本に帰ってからもビリヤニのことが頭から離れず、ビリヤニを作ってみたり、当時数少なかったビリヤニを出すお店を食べ歩いたりしているうちに、大澤氏との出会いがあり、日本ビリヤニ協会として活動を始めることになった。

　その後もビリヤニに対する熱は冷めることがなく、もう一度インドに出向き、15日で計46食、1日平均3食ビリヤニを食べたり、ビリヤニの源流を辿る旅と称して、周辺国の中国ウイグル自治区、中央アジア、パキスタン、イランなどを巡り、ビリヤニの親戚を食べ歩くなどした。

　結局、就職活動でもインドに拠点がある会社を中心に受けて、入社した会社でインドに駐在することができ、私のビリヤニに対する熱は冷めるどころか、一層高まっていった。

　このようにビリヤニの探究は私のライフワークとなっている。

ビリヤニとは？

ビリヤニとは、インドやその周辺国で主に食べられている、お肉とスパイスの炊き込みご飯で、パエリア、松茸ご飯に並ぶ世界三大炊き込みご飯として周知を図ってきた。日本人にとっては、カレーで作った炊き込みご飯といった方がイメージが湧きやすいだろう。

ビリヤニは現地では結婚式などのお祝いごとで振る舞われる場合が多いが、それだけではなく、レストラン、屋台で日常的に食べることもでき、まさに国民食として愛されている食べ物である。立ち位置を日本の食べ物に置き換えると、お祝い事で提供されるだけではなく、コンビニなどで手軽に購入できるお寿司やお赤飯が該当するのではないだろうか。

ビリヤニの定義

ビリヤニの定義は明確にあるわけではないが、日本ビリヤニ協会では下記の通り、定義している。

●インドの高級米「バスマティ」もしくは、ビリヤニに適したお米を使用していること。

●フライパンで炒めておらず、「生米式（ヒンドゥー式）、パッキ、カッチ」のいずれかの作り方を用いていること。
●2種類以上のスパイスを使用していること。
●イスラム教の教えにのっとり、お肉を使用する場合は基本的に「豚肉」以外であること。

そもそもビリヤニは、炊き込みご飯という料理の性質上、調理時間が長く、少量での調理が難しい料理となっている。その特徴から、レストランでは注文が入る前提で、事前に大量に作ることが基本となっている。

しかし、特に日本ではまだ知名度があまり高くないため、事前に大量調理をしても売れ残ってロスになってしまうことから、カレーとお米をフライパンで炒めてビリヤニとして出すお店が多数ある。

これは日本に限ったことではなく、現地でもあることで、これはこれで美味しい料理であるものの、日本ビリヤニ協会ではこれは別物とし、断固としてビリヤニと認めるわけにはいかない。一部のビリヤニファンの間では、これは「うそビリヤニ」と呼ばれている。

ビリヤニの歴史

　ビリヤニの成り立ちには諸説あるが、ペルシャ帝国（現在のイラン）がイスラム教の普及とともに南アジアに侵略し、インドでムガル帝国時代に発展を遂げた食べ物だとされている説が有力だ。

　そのため、現在アフガニスタンで食べられているカブールライスや中央アジアで食べられているプラオ（ポロ）がビリヤニの源流ではないかとされている。

▲辛みがなく、スパイス量も少ない味わいのプラオ

イスラム教との関係と本場事情

　前述の通り成り立ちには諸説あるが、元々ムスリムが作り始めた料理とされていることもあり、インドのムスリムが多い地域では必ずといっていいほど、ビリヤニが売っている。またムスリムの結婚式などのお祝い事では必ず出てくるのが、ビリヤニである。

　ビリヤニは屋台などで気軽に食べることができ、屋台では100円以下、レストランでも300円から500円も出せば立派なビリヤニを食べることができる。

　インドで主に食べられているビリヤニは、チキンとマトンのビリヤニだが、実は屋台で一番安く食べられるのは、水牛のビリヤニである。インドはヒンドゥー教徒が多く、彼らにとって牛は神様の使いとされていて、崇拝される存在であり、食べるのはもってのほかである。

　しかしムスリムは、宗教上豚は食べないが牛は食べるため、屋台では水牛のビリヤニは一般的に食べられている。

日本ビリヤニ協会が考える ビリヤニの魅力

ビリヤニの魅力は数えられないほどあるが、強いていえば、下記の3つが挙げられるだろう。

❶ 多様性

ビリヤニを語る上で、欠かせないのが多様性だと私は思う。ビリヤニはインドの地域や家庭によって味、作り方が異なり1つとして同じものがない。インドで食べ歩いてきてわかったのだが、インドの東西南北といった大きなくくりではなく、州であったり、町単位で、全く味や作り方が違っていた。

例えばインドの首都デリーでよく食べられるビリヤニは、セーラ米という種類のお米を使っており、スパイスはあまり多用しない。ローズウォーターというバラから抽出したエッセンスを使い、オレンジ色の着色料を多用したパッキビリヤニになっている。一方デリーから少し離れたモラダバードという町では、お肉からだし汁をとって、そこにお米を入れて炊き込むビリヤニと、地域ごとに全く別物となっている。

またインドにいる時にいくつかの一般家庭でビリヤニの作り方を教えてもらう機会があったが、これもまた、その家庭ごとでそれぞれ違っていた。このように、ビリヤニは1つとして同じものがないといっても過言ではない。この多様性からどんなにビリヤニを食べ歩いていても飽きず、また今までとは違う、新たなビリヤニがあるのではないかと常に思ってしまう。私はこのビリヤニの多様性に探究心をくすぐられ、どんどん深いビリヤニの沼にハマっていった。

日本ではラーメンにハマる人が多いが、その理由もこの多様性に似ていると思っている。ラーメンもビリヤニと同様に幅広く、お店や地域で味が違い多様性がある料理といっていいのではないだろうか。

❷ 複雑な香りと味

ビリヤニの料理として魅力は、何より複雑な香りと味だ。ビリヤニは香りを非常に重要視する料理であって、まずビリヤニで主に使われるバスマティライスは、インドで流通しているインディカ米の中でも香りが強く、別名香りの女王と呼ばれている品種である。

またスパイスを多用することはもちろん、それだけではなくパクチーやミントなどのハーブ、ギーというバターを精製したもの、スパイスの中でも一番高価な

サフラン、ローズやケオラなどの植物から抽出したウォーター、エッセンシャルオイルなどが使われている。

これらの様々な香りを発する材料を使っているので、複雑な味わいになることは容易に想像がつくと思うが、ビリヤニの作り方の特徴から、素材に接しているお米があったり、なかったりするため、それによって味、香りが違う。そのため食べる部分で味が異なっており、常に新しい一口が食べるごとに待っているのである。

このようにビリヤニは複雑な香り、味が魅力であり、ぜひ食べる時には鼻から抜ける香りを楽しんでもらいたい。

❸ 調理の難しさ

もう1つのビリヤニの魅力は、調理の難しさだ。ビリヤニを作った経験がある方ならわかると思うが、最初に作った時は、お米がうまく炊けない、味が決まらないなど、間違いなく失敗してしまうと思う。炊き込みご飯という性質上、お米を入れて炊き込み始めてから、完成するまで味がわからず、調整が利かないため難しいというのもあるが、ビリヤニの調理で一番難しいのは、お米の炊き加減だ

と感じている。

ビリヤニのお米の最高の炊き加減は、お米の形が残ってふっくらしていて、1粒1粒が独立しパラパラとした状態だと思っているが、よくビリヤニに使うバスマティライスは、細長く形が崩れやすいという特徴があり、扱いが非常に難しい。またお米の乾燥加減、水に浸す時間、お米を炊く温度と量、グレービーの水分量などを色々考慮した上で、状況に応じて最適な炊き加減を模索する必要がある。そのため、何百回とビリヤニを作ってきた私であっても、毎回炊き上がった時に、しっかり炊けているか不安に感じる。逆にいうと、この調理が難しいがために、どのようにしたらもっとうまく作れるのだろうと常に考えさせられ、その結果どんどんビリヤニにハマっていくのである。

もちろん思い通り炊けた時の達成感は、半端ではない。読者の皆さんも思い通りビリヤニが作れない場合があるかもしれないが、この本では、極力失敗しないよう、私が今まで培ってきた知識を総動員しているので、1回失敗したからといって諦めずに、ぜひ何度か挑戦してみてほしい。

ビリヤニの基本情報

米

　ビリヤニにとって1番大事な材料は、なんといってもお米である。

　ビリヤニには、様々なお米が使われるが、メインで使われているのはカシミール地方が主な産地のバスマティライスというお米だ。厳密にはバスマティライスの中にも様々な品種があるのだが、とりあえずバスマティライスと書かれているものを使えば間違いないと思ってほしい。ちなみにバスマティライスは、新米ではなく古米であればあるほど高値で取引されている。

　バスマティライス以外でビリヤニに使われるお米の例としては、南インドのケララ、チェンナイなどではカイマライス、バングラデシュでは、チニグララライスという種類が使われている。

　またビリヤニの主な材料としては、主要スパイスを除くと、玉ねぎ・にんにく・しょうが・ヨーグルト・トマト・青唐辛子・パクチー・ミント・ギーが挙げられ、高級になればサフランが使われる。ただサフランは日本でも10gで5000円ほどと高価であるために、着色料で代用されることが多い。

主なメインの具

　ビリヤニの主なメインの具は、鶏肉とマトンである。

　豆知識として、インドでいうマトンは、羊肉ではなくヤギ肉を表すが、この本ではマトン＝羊肉とする。魚介類のビリヤニは、海岸沿いの地域で稀に見ることができるが、通常ほとんどお目にかかることができない。

　メインとまではいかないが、コルカタなどではメイン具材に加えて、大きめに切ったじゃがいもが入っており、じゃがいもをメインに継ぐ、サブ食材としてビリヤニに使う地域がいくつかある。

トッピング

実際インドでは、何もトッピングがのっていないことがほとんどだが、高級店になればなるほど、下記のトッピングがのせられている。日本でよく見るパクチーなどの緑の葉物がトッピングとして出てくることは、ほぼない。

- ●フライドオニオン
- ●ゆで卵
- ●カシューナッツ
- ●レーズン

▲インドのゆで卵つきビリヤニ

主な調味料

ビリヤニに使う基本的なスパイスは、下記の7つであり、ビリヤニ初心者の方はとりあえずこれらを揃えてもらいたい。

スパイスには原型のままのホールスパイスと粉状にしたパウダースパイスがあるため、それらを使い分ける必要がある。

①クミン（ホール、パウダー）
②コリアンダー（パウダー）
③ターメリック（パウダー）
④チリ（パウダー）
⑤シナモン（ホール）
⑥クローブ（ホール）
⑦カルダモン（ホール）

塩に関しては、市販の精製された塩で問題ないが、より一層美味しいビリヤニを作りたい方は岩塩を使ってみてほしい。インドでは比較的安くヒマラヤのピンク岩塩が流通していることから、お米を炊く時に入れる塩としてよく使われている。

3つの調理法

「ビリヤニってどう作るんですか?」という質問が日本ビリヤニ協会には多数寄せられるため、ここでわかりやすく、図解でビリヤニの作り方を紹介したいと思う。

まず作り方には主に3種類ある。

❶生米式・ヒンドゥー式

これはよく南インドで見られる作り方で、ヒンドゥー教徒がこの作り方を採用している場合が多いことから、ヒンドゥー式とも呼ばれている。

この作り方は、日本の炊き込みご飯のように、グレービー(カレー)に乾燥したお米(生米)をそのまま入れて、炊き込む方法だ。

生米式で作るとビリヤニの色が単色になり、味が均一になる。またお米もしっとりとしやすい。

❷パッキビリヤニ

ビリヤニの一番代表的な作り方が、このパッキビリヤニだ。

これはまず、グレービーを作り、その上に別鍋でパスタのように湯取りしたお米を入れて、最後に一緒に炊き込むタイプである。

こうすることで、グレービーに接するお米は濃い味で色がついていて、上の方は白いお米のままになる。盛りつける時に、軽くかき混ぜてから盛ることで、よくビリヤニで見るグラデーションが生まれる。

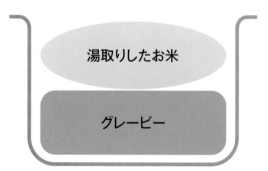

生のお米とグレービー

湯取りしたお米

グレービー

❸カッチビリヤニ

カッチビリヤニは、インドでビリヤニが一番有名な都市、ハイダラバード特有の作り方で、生肉をヨーグルトやスパイスでマリネして、その上に別鍋でパスタのように湯取りしたお米を入れて、最後に一緒に炊き込むタイプのビリヤニである。

パッキビリヤニとの違いは、鍋底にあるグレービーに火が通っているかどうか。カッチビリヤニは、お肉の旨みが直接お米に吸収されるのが特徴だ。

ちなみにカッチとは、「生」という意味。

これでビリヤニの作り方を理解いただけたのではないかと思う。

お店でビリヤニを食べる時に、「これはどのような作り方をしているんだろう?」と想像してみるのも楽しいかもしれない。

それぞれの作り方のビリヤニは、下記のページにレシピを掲載している。

湯取りしたお米

マリネした生肉

つけ合わせ

ビリヤニは単体で食べても十分美味しいが、途中で味変できるように何らかのつけ合わせがついてくることが多い。

ちなみに私は、ビリヤニ本来の味を楽しみたいので、つけ合わせはあまり必要としないタイプである。（餃子にも何もつけない変人）なので、ビリヤニを食べる時は、各自お好みでつけ合わせと一緒に食べてもらえればと思う。

1. ライタ

ビリヤニのつけ合わせとして最も定番なのが、ヨーグルトのソース、ライタである。

ライタは、ヨーグルトに塩やスパイスを入れただけのシンプルなソースだ。野菜を入れることもあり、その場合は、野菜名＋ライタとなる（例：オニオンライタ）。

南インドでは、ヨーグルト主体というよりも生玉ねぎをヨーグルトで和えたものがオニオンパチャディとして出てくるが、ライタと同じものだと思ってもらっていい。

ご飯にヨーグルトをかけて食べるのか？と感じる人もいると思うが、世界的に見てもヨーグルトをデザートではなく、おかずに使う料理は多々ある。

特にインド料理でヨーグルトは定番の材料で、様々な料理に使われており、ヨーグルトとご飯、スパイスを混ぜただけのカードライスといった料理まである。

話は戻り、ビリヤニを食べる際は、必要に応じてライタをかけて食べるのが一般的である。味変するためにライタを使ってもいいし、ビリヤニはスパイスの辛みが強い場合もあるので、辛みを抑える意味でライタを使ってもらってもいい。

ちなみに現地のヨーグルトは、日本のヨーグルトと違いより水っぽいので、日本のヨーグルトを使う時は水や牛乳でのばす方がより現地の味に近づくと思われる。

2.生・酢漬け玉ねぎ

　また定番のつけ合わせとして出てくるのが、輪切りにカットされただけの生玉ねぎや、酢漬けにされた玉ねぎだ。これはどちらかというと、ビリヤニと一緒に食べるよりも口直しとして、ビリヤニの合間に一口かじるのが一般的だ。しかし現地の衛生面はあまり良くなく、日本人にとって生野菜は食あたりするリスクがあるので、おすすめしない。

　上記2つは比較的どの地域でも定番のつけ合わせで、実はつけ合わせにも地域特有のものがある。

3.ミルチ・カ・サラーン

　ハイダラバードでは、定番のつけ合わせ。ミルチ＝唐辛子という意味で、青唐辛子を使ったピーナッツベースのカレーである。

4.生青唐辛子

　これはビリヤニというよりは、東インドで定番のつけ合わせである。東インドでは辛みを追加しながら食べるために、生の青唐辛子をかじりながらご飯を食べる習慣がある。故にコルカタなどの東インドでビリヤニを食べると、机の上に生の青唐辛子があり、人によっては、かじりながら食べている。

5.その他グレービー

　ビリヤニのつけ合わせとして、グレービー、いわゆるカレーがついてくることは意外とある。南インドでは、グレービーがついてくるケースが多いと思うが、ハイダラバード以外では、お店によって出されるグレービーはまちまちだ。代表的なグレービーは、ダルチャ（豆のカレー）、コルマ（ヨーグルトを使ったカレー）、などがある。

調理器具

　ビリヤニの調理器具として語っておくべきは、ビリヤニを作る鍋だと思う。モロッコのタジン鍋のように、ビリヤニを作る上で専用の鍋が必要というわけではないが、現地でビリヤニを作るために用いられている鍋は様々あり、ユニークな形をしていて面白いので、ぜひとも紹介しておきたい。

壺状のビリヤニ鍋

　ビリヤニを作る鍋として一番ポピュラーでユニークなのが、この壺状のビリヤニ鍋ではないだろうか。

　この壺状のビリヤニ鍋は、鍋底が広く、鍋のふちにかけて狭くなっている円錐のような構造になっている。この構造になっている理由は、鍋のふちが狭くなっていることで、蒸気が逃げにくくなっており、熱伝導の効率が良くなることでビリヤニが美味しく炊けるのではないかと考えている。この壺状のビリヤニ鍋は、地域によって若干違いがあり、様々な形をしている。

▲コルカタで見つけたビリヤニ鍋は、中心部分が出っ張っている

▲デリーで見つけたビリヤニ鍋は壺のような形をしている。鍋底も婉曲しているので、平らなところに置くと不安定で大変では……

▲ハイダラバードで見つけたビリヤニ鍋は、まさに円錐型で美しいフォルム

円柱状のビリヤニ鍋

　生米式でビリヤニが作られている、南インドでよく見る形のビリヤニ鍋。日本でもよく使われている鍋の形なのでなじみ深いが、お店でビリヤニ用として使われている鍋はサイズが大きくて圧巻だ。生米式は、全体に均一に火が入ることが望ましいために、この形が好まれているのではないかと推測される。

台形のビリヤニ鍋

　台形だったり、低い円柱のような形をしたビリヤニ鍋をハイダラバードでは見つけることができる。ハイダラバードでは、カッチ式というハイダラバード特有の作り方をしていることから、より多くのお米をグレービーに接させるために、この形が好まれているのではないだろうか。

　このようにビリヤニの鍋だけをとっても様々な形状があるが、1つだけ共通している点がある。それは、底が厚い鍋であるということだ。

　ビリヤニは、炊き込みご飯という料理が故に、かき混ぜず長時間火にかけるため、鍋底が焦げやすい。

　そこで底が厚い鍋を使うことで、焦げるリスクを最小限にしているのである。ご自宅でビリヤニを作る時は、底が厚い鍋を使っていただきたいが、ない場合は、間にフライパンを噛ませることで、同じ効果があるので、焦げが気になる方は是ぜひとも試してもらいたい。

ビリヤニの作り方によっても、多少の違いはあるが、主な調理手順は3つに分けることができる。

1. グレービーを作る

グレービー、言い換えるとカレーを作るといった方がわかりやすいと思うが、ビリヤニを作るためには、まずお米と一緒に炊き込むためのグレービーを準備する必要がある。

このグレービーは大体そのまま食べてもカレーとして成立するものである。そのためインドカレーを作れて初めて、ビリヤニを作れる段階になるのだ。ちなみにカッチ式の場合は、お肉とスパイスなどをマリネしてこの工程は、完了となる。

2. お米をゆでる

グレービーができたら次は、お米を別鍋でゆでる工程だ。このお米のゆで加減によってビリヤニの出来が左右されるといっても過言ではないため、ここが一番難しい工程といってもいいだろう。

大量の水に塩、スパイスを入れて沸騰させて、お米を投入する。その後お米の炊き加減を見ながら、適量を適切なタイミングでパスタのように湯取りして、グレービーを作った鍋に投入していくのである。このタイミングをミスしてしまうと、お米の芯が残ってしまったり、おじやのようになってしまったりする。またこれは、お米の種類、乾燥度合い、浸水率、お湯の量や温度など様々な条件の違いによって、毎回状況が変わってくるのがこの工程をより一層難しくしている。

3. ビリヤニを炊き込む

グレービーもでき、お米もゆで上げたら、これを炊き込み、2つを1つにする。生米式の場合は、お米をゆでる工程がないので、この段階でグレービーにお米を投入する。ここではグレービーの水分量、お米の炊き加減を考慮して、火加減、炊き込む時間を考える必要がある。

作る量にもよるが、現地の大鍋で作る場合は、30分～60分ぐらい、家庭で作る時でも、10分～30分ぐらいと前述したようにかき混ぜずに長時間火にかける必要がある。現地では、鍋底の焦げ防止と全体的に火を入れるために、下からだけではなく、鍋蓋に炭を置いてダッチオーブンのようにして炊き込んだりする。家庭でやる時は、それはできないので、オーブンがあれば使うのも1つの手だろう。

ビリヤニ
主要スパイス解説

ビリヤニに使われるスパイス

カイエンペッパー　〈科名〉ナス科　〈別名〉レッドペッパー・チリペッパー

完熟して赤くなった唐辛子を乾燥させたもの。ホールやクラッシュ、パウダーと様々な形状のものがある。世界でも幅広く使われており、辛みを出す上で欠かせない存在。ビリヤニにも使われており、辛さの素となっているが、辛さと香りを出すためにはカイエンペッパーだけではなく、青唐辛子を多用する。両方とも辛さの素となる素材なので、青唐辛子を多く使ったら、カイエンペッパーを少なくするなどの調整が必要。チリパウダーというと、唐辛子・パプリカ・オレガノなどがブレンドされたミックススパイスを指す場合もある。

カルダモン　〈科名〉ショウガ科　〈別名〉ショウズク

グリーンカルダモンやブラウンカルダモンなどいくつかの種類が存在する。グリーンカルダモンは爽やかな甘い香りで「スパイスの女王」とも呼ばれる。ビリヤニには欠かせないスパイスで、グレービーであったり、お米を炊く際にホールスパイスとして使用する。ブラックカルダモンとブラウンカルダモンは、爽やかな香りではなく渋い味わいがするスパイスであり、パキスタンでのビリヤニに使われることが多い。稀に原型のスパイスを食べる方を目にするが、基本的に弾いておいて食べないものである。

クミン　〈科名〉セリ科　〈別名〉ウマゼリ

カレーのようなエスニックな香りが特徴。幅広く料理に用いられるが、インド料理ではスタータースパイス（調理の最初に油に香りを引き出して使う方法で用いられるスパイス）としてよく使われている。ビリヤニでも同様にグレービーとして使われるだけではなく、お米を炊く際にホールスパイスを入れることが多い。

クローブ 〈科名〉フトモモ科 〈別名〉チョウジ

つぼみが開く前に摘み、乾燥させたもの。舌がしびれるような風味と甘い香りを持つ。ビリヤニには欠かせないスパイスで、グレービーとお米を炊く際にホールスパイスとして使われることが多い。このスパイスを噛むと口の中に苦味が襲ってくるため、カルダモン同様弾いて食べないようにしよう。ちなみによく、クローブは紅茶に用いられるという記載を目にするため、インドのチャイに使われていると思われる方もいるかもしれないが、インドのチャイはスパイスを使うことは稀で、基本的に牛乳、水、紅茶、砂糖が材料である。

コリアンダー 〈科名〉セリ科 〈別名〉パクチー・香菜・コエンドロ

パクチーと呼ばれる葉の部分のクセの強い香りとは違い、柑橘系のような爽やかでほのかな甘い香りがする。スパイスの中でも穏やかな風味で比較的使いやすい。インドカレーに欠かせないスパイスの1つだが、ビリヤニでは、ホールスパイスとして使うことはあまりなく、基本的にパウダースパイスとしてグレービーに使う。

サフラン 〈科名〉アヤメ科 〈別名〉番紅花

サフランの花の雌しべを取り、乾燥させたもの。エキゾチックな香りを持ち、水に浸すと鮮やかな黄色が出る。ビリヤニにはお米の色づけとして、炊き込む時に、水、もしくは牛乳で色を出したサフランを上からかけることが多い。ただ高価なスパイスということもあり、ほとんどが着色料で代用されている。

シナモン 〈科名〉クスノキ科 〈別名〉ニッキ・ニッケイ・ケイヒ

甘くスパイシーな香りを持ち、お菓子に使われることが多い。ビリヤニには欠かせないスパイスで、グレービーとお米を炊く際にホールスパイスとして使われることが多い。シナモンに接していたお米は甘い香りを醸し出し、ビリヤニに一層深みを与えてくれる。これもカルダモンとクローブ同様、弾いて食べないスパイスである。

スターアニス　〈科名〉マツブサ科　〈別名〉八角

8つの角があり、星型に見えるスパイス。独特の強く甘い香りを持ち、「五香粉」の原料として使われることもある。中華料理になくてはならないスパイスだが、インド料理、ビリヤニにおいては、比較的マイナーなスパイスの1つである。スターアニスが強く主張する使い方はせず、ちょっとしたアクセントに使う。

ターメリック　〈科名〉ショウガ科　〈別名〉ウコン

少々土っぽさを感じる香りを持ち、色づけによく使用されるスパイス。ビリヤニではグレービーに使われることが多いため、グレービーに接したお米の部分は、鮮やかな黄色になる。層になっているビリヤニの上からかけて、お米の色づけとして使えなくはないが、ターメリック特有の香りが残ってしまうことがあるので、基本的にはそのような使い方はしない。

フェンネル　〈科名〉セリ科　〈別名〉ウイキョウ

爽やかでほのかに甘い香り。「五香粉」に使われるほか、魚料理との相性が良いスパイスとして知られる。インドではカレーに使われることもあるが、食後の口直しとして角砂糖、もしくは砂糖コーティングされたものを食べる習慣がある。日本のインド料理店でもレジ横に置いてあることが多いので、ぜひ試してもらいたい。

ブラックペッパー　〈科名〉コショウ科　〈別名〉黒コショウ

ピリッとした味わいとシャープな香りが特徴のなじみ深いスパイス。熟する前にコショウの果実を摘み、皮ごと乾燥させて作られる。ホール、あらびき、パウダーがあり、料理に合わせて使い分ける。濃厚な味の料理や肉によく合うが、ビリヤニにも使われるスパイスであり、弾いて食べる人もいれば、かじって爽やかな辛みを求める人もいる。

ベイリーフ 〈科名〉クスノキ科 〈別名〉シナモンリーフ

シナモンの葉を乾燥させたもの。ビリヤニには欠かせないスパイスで、グレービーとお米を炊く際にホールスパイスとして使われることが多い。ちなみにベイリーフとローリエは別物なので、注意したい。ローリエは葉脈が横に伸びているが、ベイリーフは縦に伸びているのが見分け方。

メース 〈科名〉ニクズク科 〈別名〉ニクズクカ

ナツメグの果肉と種の間にあり、種の表面を覆っている仮種皮と呼ばれる膜を乾燥させたもの。ナツメグと比べると、メースの方がより穏やかで繊細な風味を持っている。ビリヤニにも使われるスパイスであるが、主に市販のビリヤニマサラに入っているイメージが強い。

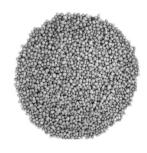

マスタード 〈科名〉アブラナ科 〈別名〉カラシ

辛子菜の種子を乾燥させたもの。プチプチとした食感と辛みが特徴。ホワイト、ブラウンなどいくつかの種類がある。そのままの状態では辛みを感じられないため、すりつぶしたり炒めて使用される。特に南インドでは、スタータースパイスとしてカレーや炒め物に多用されるが、ビリヤニで使われることは稀である。

なまもの・ハーブ

青唐辛子 〈科名〉ナス科 〈別名〉グリーンチリ

完熟して赤くなる前に収穫した唐辛子。インド料理、ビリヤニでは多用される材料であるが、品種によって辛さが全く異なるので、購入の際は注意してほしい。東インドでは生の青唐辛子が料理と一緒に出てきて、かじりながら食べる習慣がある。本書では辛みというよりも、似たような香りを出すため、青唐辛子がない場合はししとうでの代用を推奨している。

オニオン　〈科名〉ヒガンバナ科　〈別名〉玉ねぎ

生の状態だと辛みを感じ、加熱すると甘みと旨みが出る。様々な料理に使われ、国を問わず親しまれているため、使い方も多様。乾燥させたものやパウダー状にしたものがスパイスとしては使用される。ビリヤニでは必ずといっていいほど、フライドオニオンとして使われ、グレービーであったり、トッピングとして用いられる。

カレーリーフ　〈科名〉ミカン科　〈別名〉ナンヨウザンショウ

南インドでは、油を熱してホール状のスパイスを加え、香りを出したものを調理の仕上げに加える手法（テンパリング）がよく使われるが、その際にカレーリーフも使われることが多い。ただ日本で生のカレーリーフを入手するのは、比較的困難であるため、インド料理マニアは自分で栽培している。以前アメ横の地下街で売っているのを見たことはあるが、ない場合は乾燥カレーリーフで代用するしかない。ネットではカレーリーフの苗を販売している人もいるので、興味があればのぞいてみてほしい。

コリアンダーリーフ　〈科名〉セリ科　〈別名〉パクチー・香菜・コエンドロ

葉は種子の部分とは違い、強烈ともいえる個性的な香りを持ち、料理のトッピングやスープ、サラダなどに使われる。ビリヤニではグレービーに入れたり、ビリヤニを炊き込む時に上に散らしたりする。日本でよく見るビリヤニのトッピングとしてのパクチーは、実はあまり現地では見ない。日本でも市民権を得てきて、一般的なスーパーでも置いていることがあるが、好き嫌いが顕著に別れるハーブ。

しょうが　〈科名〉ショウガ科　〈別名〉ジンジャー

辛みと爽やかな香りを持ち、各国の料理に幅広く使用されている。ビリヤニでは、すりおろしたものをグレービーに使うことがほとんど。ほかにもビリヤニを炊き込む時に、千切りにして入れたりもする。インドなどでは、ジンジャーガーリックペーストという、しょうがとにんにくがすりおろしになった既製品を使うことが多い。

にんにく　〈科名〉ヒガンバナ科　〈別名〉ガーリック

しょうが同様、ビリヤニには欠かせない材料の1つで、古くから世界各国の料理にも幅広く使われている。独特の強い香りと風味を持ち、肉や魚の臭みを消す働きがある。パウダー状のものやペースト、チップなど様々な形で販売されているが、ビリヤニではすりおろしにしてグレービーに使う。

ペパーミント　〈科名〉シソ科　〈別名〉セイヨウハッカ

菓子類やドリンク、料理の飾りつけによく用いられ、清涼感のある香りが特徴。古くから世界各国で使われている。インド料理で使われるミントはスペアミントではなく基本的にペパーミントで、ビリヤニにも欠かせないハーブの1つである。ビリヤニでは、グレービーに入れたり、ビリヤニを炊き込む際にお米の上に入れたりする。

その他

アルブハラ

プラム（すもも）の一種を乾燥させたもので、甘酸っぱい味が特徴。ビリヤニでは、主にパキスタンで使われている。日本ではハラルショップで売っていることもあるが、ない場合は甘めの梅干しで代用が可能だ。しかし絶対に必要なものではないので、特になくても問題はない。

ミーターアーター

コルカタビリヤニに必要なエッセンスで、コルカタで食べるビリヤニには必ずといっていいほど使われている。Meetha（ミーター）＝甘い、Attar（アーター）＝エッセンスという意味。ビリヤニを作る時に、グレービーに入れたり、炊き上がったビリヤニに数滴たらしたりして使用する。日本で入手するのは困難だが、日本ビリヤニ協会の通販で販売している。

スパイスを使いこなす

1. ホールスパイスと
パウダースパイス

　スパイスには、カルダモンやシナモンなどのように、原形のホールで使う場合もあれば、パウダーで使う場合もある。その使い分け方について解説したい。

　ホールスパイスは香りが長続きするのに対して、パウダースパイスは香りの即効性があるものの、持続性がない。またパウダースパイスは粒子が細かい分、色づけにも使われる。ホールスパイスは、主に調理の始めに炒め、スパイスの香りを油に移すために使われ、パウダースパイスは調理の途中や最後の香りづけで使われる。個人的には、ホールスパイスは香りを出すもの、パウダースパイスは味つけのようなイメージで使い分けている。

2. ビリヤニマサラとは？

　ビリヤニマサラとは、ビリヤニ用に調合されたスパイスミックスのことだ。マサラとは「スパイス」という意味で、おなじみのガラムマサラもスパイスミックスの一種である。

　ビリヤニは地域によって味が違うので、スパイスの配合も場所により異なる。だが、ビリヤニマサラを使えば1つ1つのスパイスを揃える必要がないので、比較的楽にビリヤニを作ることができる優れものだ。実はお店でも市販のビリヤニマサラを使っていることがあり、様々なビ

リヤニマサラを試してみると、そのお店がどれを使っているかまでわかるようになるだろう。

3. 初心者向けの
ビリヤニマサラ

　日本には様々なメーカーのビリヤニマサラが輸入されているが、一番使われているのはShan社のシンディビリヤニミックスではないかと思う。日本で本物のビリヤニを出しているお店にパキスタン系が多いこともあり、パキスタンで有名なメーカーのものが使われているのではないだろうか。

　初心者が一番初めにビリヤニマサラを使ってビリヤニを作るまでは良いのだが、付随のレシピで作ると必ず失敗するので注意してほしい。これはどのビリヤニマサラでも共通していて、必ず塩辛く、油っこい、お米の炊き加減もいまいちなビリヤニが出来上がってしまう。レシピの記載方法がざっくりしているので、初心者では解読できず、うまく作れないのが失敗する1つの理由だ。故にビリヤニマサラを使う時は、作り方を予習した上で、油は少なめ、ビリヤニマサラも少なめにして、味を見ながら調整するのがおすすめだ。ビリヤニマサラには基本的に塩も入っているので、ビリヤニマサラを少なめにして適度な辛さに抑え、塩で味を整えるのも1つの手だと思う。

インド人はみんな手食をするのか？

インドでは料理を手で食べること（手食）をご存知の方もいると思うが、そもそも手食とは何か、皆さんが感じるであろう手食に関する疑問を解説していきたい。

まず手食とは、お箸・スプーン・フォークなどを使わず、手で料理を食べることを意味し、主にアジア・中東・アフリカで見る作法である。今回は南アジアでの手食に関して解説していきたいと思う。

左手はトイレの際に使うため、不浄の手とされており、食べる時は右手を使うのが基本だ（左利きの場合は、逆なこともある）。

ナンなどのパン類を手食するのは、違和感がないと思うが、ビリヤニを含むライス類ももちろん手食の対象となっている。ただ手食が不安でインドへ旅行を躊躇している方に安心していただきたいのは、屋台などであっても希望すればスプーンやフォークを提供してくれることだ。実はインドでもすべての人が手食をするわけではないので、スプーンやフォークを使って食事をしていても、全く違和感はない。強いていえば、田舎や南インドに行くと手食をしている人が多い印象だ。先ほど左手を使うのはご法度であると述べたが、もちろん個人差はあるものの、実はナンなどのパン類を両手でちぎったり、皆でシェアしているカレーを食事の最中に自分のお皿に追加する際に左手を使ったり、ビリヤニにライタやグレービーをかける時に容器を左手で持ってかけたり、左手を使って口に食べ物を運びさえしなければ、意外と左手を活用する人もいる。右手だけで器用にナンなどをちぎ

る人もいるが、両手でちぎったナンに左手のスプーンでグレービーをのせて食べる人もいるので、安心して手食をしてほしい。もちろんどこのお店でも、石けんと手洗い場があるので、食事前、食事後の心配は不要だ。

個人的に手食をしていて、多少不便を感じる時は2つある。

1つは、グレービーが余ってしまった時だ。これは南インドの定食「ミールス」を食べている時によく起こるのだが、容器に入っている場合はまだいいものの、ミールスではバナナの葉の上に、ライスと数種類のグレービーが直接盛られることが多い。その場合、ライスがある間は問題ないが、グレービーだけが余ってしまった時に困ってしまう。水っぽいグレービーだとさすがのインド人でも手ですくって食べるのは難易度が高いため、ライスを追加せざるを得ず、お腹がはち切れそうになることが多々ある。

2つ目は、手食をしているとスパイスで指が黄色くなってしまうことだ。これはしょうがないことではあるが、手をよく洗っても爪の周りにどうしてもターメリックの黄色が残ってしまう。インド料理をよく食べる方だったり、インド人の手元を見れば、いっていることがわかるだろう。

手食の方法

1 小指以外の指を使い、適量を押し固める。
2 それをすくい上げて口の近くまで持っていく。
3 親指を使い押し出して、口の中に入れる。

ビリヤニレシピマップ

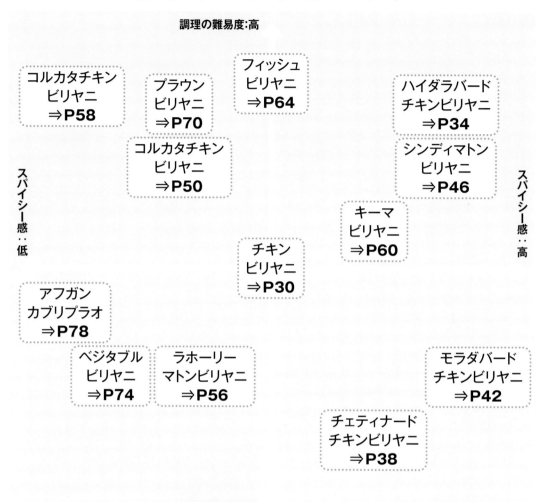

調理の難易度:高

コルカタチキン
ビリヤニ
⇒**P58**

ブラウン
ビリヤニ
⇒**P70**

フィッシュ
ビリヤニ
⇒**P64**

ハイダラバード
チキンビリヤニ
⇒**P34**

コルカタチキン
ビリヤニ
⇒**P50**

シンディマトン
ビリヤニ
⇒**P46**

スパイシー感：低

スパイシー感：高

キーマ
ビリヤニ
⇒**P60**

チキン
ビリヤニ
⇒**P30**

アフガン
カブリプラオ
⇒**P78**

ベジタブル
ビリヤニ
⇒**P74**

ラホーリー
マトンビリヤニ
⇒**P56**

モラダバード
チキンビリヤニ
⇒**P42**

チェティナード
チキンビリヤニ
⇒**P38**

調理の難易度:低

【本書のレシピについて】

- お肉はお好みでチキン、マトン、ビーフに変更しても問題ありません。お肉が硬い場合は、92ページ「硬いお肉の対処法」を参照してください。
- お米は軽く洗って、水に30〜60分つけておきましょう。
- にんにく、しょうが、パウダースパイスを入れる時は、弱火もしくは一度火を止めても可です。
- ヨーグルトを入れる時は、事前にしっかり攪拌してください。
- すべてのビリヤニで、パクチー、ギー、カシューナッツ、レーズンはお好みで。
- 青唐辛子は、ししとうで代用可能です。
- カイエンペッパーは、辛みの素なのでお好みで、青唐辛子の辛さのバランスを見ながら調整してください。今回のレシピは著者が一番最適だと思う辛さとなっています。
- トマトは、缶詰でも代用可能。味が安定しているので著者はトマト缶を使用しています。
- ビリヤニを炊く際は、厚手の鍋やフライパンの上に鍋を置くと焦げにくいです。
- 炊き上がったビリヤニは下からお米を潰さないように軽く混ぜてください。

日本ビリヤニ協会
オリジナルレシピ

チキンビリヤニ

このビリヤニは、インドの家庭で教わったスタンダードな1品。
ビリヤニ初心者でも食べやすい味になってます。

材料

Ⓐ

鶏もも肉　600g

コリアンダーパウダー　小さじ2

クミンパウダー　小さじ2

ターメリック　小さじ½

カイエンペッパー　小さじ2

ヨーグルト　70g

塩　10g

ししとう　4本

Ⓑ

クミンシード　小さじ1

カルダモン　6個

シナモン　3cm×3かけ

クローブ　6個

ベイリーフ　1枚

すりおろししょうが　24g

すりおろしにんにく　24g

スライス玉ねぎ　100g

トマト　60g

サラダ油　大さじ4

水　150ml

Ⓒ

バスマティライス　400g

水　3ℓ

塩　45g

クミンシード　小さじ1

カルダモン　3個

シナモン　3cm×2かけ

クローブ　3個

ベイリーフ　1枚

スターアニス　2かけ

お好みで

ギー　適量

パクチー　適量

作り方

グレービーを作る

1 ししとうを斜め切りにし、鶏もも肉以外の材料Ⓐをすべて混ぜる。そこに一口大に切った鶏もも肉をマリネして、最低30分つけ込む。

2　厚手の深い鍋Ⓐに材料Ⓑのサラダ油大さじ4を
入れ、スライス玉ねぎを10分ほど炒めてフライド
オニオンを作る。

3　フライドオニオンを取り出し、油をきっておく。フラ
イドオニオンを炒めた油が残ったまま鍋Ⓐに材
料Ⓑのクミンシード・カルダモン・シナモン・クロー
ブ・ベイリーフを入れて炒め、香り出し（テンパリン
グ）を行う。

4　すりおろしにんにく・すりおろししょうが→トマト→
マリネしておいた鶏肉→フライドオニオン⅔の順
に鍋Ⓐに加え、水150㎖を入れて肉に火が通る
まで煮込む。

米 を 炊 く

1　別の大きめの鍋Ⓑに水3ℓを湧かして、バスマテ
ィライス以外の材料Ⓒを入れる。

2 沸騰したら、バスマティライスを入れ、米が踊る
程度の火加減でゆでる。

3 4分（60％）ほどゆで上がったら、米を1/2を取り
出してグレービーの鍋❹の中に入れる。

4 残りの米が6分（85％）ほどゆで上がったら、お
米をすべて取り出してグレービーの鍋に入れ、フ
ライドオニオン、ギー、パクチー（お好みで）、を散
らす。

ビリヤニを炊く

1 フタをして中火で5分、弱火で10分、火を止めて
5分蒸らして完成。

ハイダラバードチキンビリヤニ

インドでビリヤニが一番有名な都市、ハイダラバードで
食べられているビリヤニ。スパイスなどでマリネしたお肉に火を通さず、
そのままビリヤニを炊き上げるハイダラバード特有のカッチ式で
炊き上げる。現地で教わったそのままのレシピをご紹介。

材料

Ⓐ

鶏もも肉　600g

スライス玉ねぎ　100g

ヨーグルト　200g

すりおろしにんにく　16g

すりおろししょうが　16g

ししとう(or 青唐辛子お好みで)　2本

クミンシード　小さじ2

クローブ　6個

シナモン　3cm×3かけ

ベイリーフ　1枚

コリアンダーパウダー　小さじ3

ターメリック　小さじ1

カルダモンパウダー　小さじ½

カイエンペッパー　小さじ2

サラダ油　大さじ4

塩 10g

Ⓑ

クミンシード　小さじ½

カルダモン　3個

シナモン　3cm×2かけ

クローブ　3個

塩　45g

水　3ℓ

Ⓒ

バスマティライス　400g

お好みで

ギー　小さじ1

サフラン　ひとつまみ

　(温かい水か牛乳で色を出しておく)

パクチー　適量

作り方

グレービーを作る

1 厚手の深い鍋Ⓐに材料Ⓐのサラダ油大さじ4を
入れ、スライス玉ねぎを10分ほど炒めてフライド
オニオンを作る。

2　鶏もも肉を一口大に切り、鶏もも肉、フライドオニオン⅔、フライドオニオンを作ったサラダ油と残りの材料Ⓐを混ぜて肉をマリネして、最低1時間はつけておく。時間がある場合、冷蔵庫に入れて一晩置いてもOK。

3　2を鍋Ⓐの底に敷き詰めておく。

米 を 炊 く

1　3とは別の大きめの鍋Ⓑに材料Ⓑの水3ℓを湧かして、残った材料Ⓑをすべて入れる。沸騰したら、材料Ⓒのバスマティライスを入れ、米が踊る程度の火加減でゆでる。

2　約3分半（50％）ほどゆで上がったら、⅓を取り出して肉が入った鍋の中に入れる。

3 その後約4分半(60%)ほどゆでたお米を⅓取り
出して鍋に入れ、約6分(85%)ゆで上がったら
残りをすべて取り出し鍋に入れる。

ビリヤニを炊く

1 米の上にフライドオニオン、お好みでパクチー、
ギー、サフランを散らし、しっかりフタをして火にか
ける。

2 中火で10分、弱火で10分、5分蒸らして完成。

チェティナードチキンビリヤニ

インドの南の大都市チェンナイで主に食べられているビリヤニ。
ビリヤニといえば、層にして炊くイメージを持っている方も多いと思うが、
これは生米式で作りお米は単色になる。

材　料

鶏もも肉　600g
スライス玉ねぎ　100g
サラダ油　大さじ4
すりおろしにんにく　16g
すりおろししょうが　16g
トマト　200g
ヨーグルト　70g
ミント　5g
水　300㎖
バスマティライス　400g

Ⓐ
クミンシード　小さじ½
クローブ　4個
シナモン　3cm×2かけ
カルダモン　4個
スターアニス　3かけ

Ⓑ
コリアンダーパウダー　小さじ2
ターメリックパウダー　小さじ½
カイエンペッパー　小さじ1½
塩　20g

お好みで
パクチー　適量
ギー　適量

作　り　方

グレービーを作る

1　厚手の深い鍋にサラダ油大さじ4を入れ、スライス玉ねぎを10分ほど炒めてフライドオニオンを作る。

2 フライドオニオンが完成する直前で、材料Ⓐの
ホールスパイス、すりおろしにんにく、すりおろしし
ょうがを入れて炒める。

3 その後一口大に切った鶏もも肉を入れて炒め
る。

4 表面の色が変わってきたら、材料Ⓑのパウダー
スパイス、塩を入れて炒め、トマトを入れる。

5 ヨーグルトとミントと水300mℓを入れて、鶏もも肉
に火が通るまでフタをして煮込む。

ビリヤニを炊く

1 鶏もも肉に火が通り、沸騰したら水につけておいたバスマティライスを入れる。

2 再沸騰するまでかき混ぜ、再沸騰したらフタをして弱火で10分炊く。

3 炊き具合を確認し、軽く混ぜてからパクチー、ギーを振りかけて、5分蒸して完成。

モラダバードチキンビリヤニ

インドの首都デリーの近くの街、モラダバードで食べられているお肉の
出汁をベースにしていて、オレンジ色のお米が鮮やかなビリヤニ。
デリーでもこのビリヤニを出しているお店が多数あり、インドで生活して
いた時は、毎日のように食べていたお気に入りのビリヤニ。

材 料

バスマティライス　400g

Ⓐ

鶏もも肉　600g
コリアンダー　小さじ2
フェンネルシード　小さじ2
水　500mℓ
塩　15g
サラダ油　小さじ1

Ⓑ

スライス玉ねぎ　80g
すりおろしにんにく　20g
すりおろししょうが　12g
千切りしょうが　12g
青唐辛子　4本
クミンシード　小さじ½
クローブ　6個
シナモン　3cm×3かけ
ベイリーフ　1枚
スターアニス　6個
ブラックペッパー　小さじ½
カルダモン　2個
ブラックカルダモン　1個
カイエンペッパー　小さじ½
サラダ油　大さじ4
着色料　適量

作 り 方

グレービーを作る

1 鶏もも肉を一口大に切り、鍋Ⓐにサラダ油小さじ1を入れて、肉の表面が色づくぐらい炒める。

2 残りの材料Ⓐすべてを入れて10分煮込む。(ホールスパイスはだしパックなどに入れる)。

3 別鍋Ⓑにサラダ油大さじ4を入れ、スライス玉ねぎを10分ほど炒めてフライドオニオンを作る。

4 フライドオニオンを取り出し、その油で材料Ⓑのホールスパイス、すりおろしにんにく、すりおろししょうが、2等分にした青唐辛子を入れて炒める。

5 鍋Ⓐの肉のみを取り出し、鍋Ⓑに入れてカイエンペッパーを加えて炒める。

6 鍋🅐で取っただし汁を500㎖まで煮詰めて、鍋
🅑に入れる。

ビリヤニを炊く

1 水につけておいたバスマティライスを鍋🅑に入
れて、表面の水分がなくなるまで煮詰めたあと、
フタをして弱火で10分炊く。

2 炊き具合を確認し、軽く混ぜてから、フライドオニ
オン、千切りしょうが、着色料を振りかけて、5分
蒸して完成。

シンディマトンビリヤニ

パキスタンのシンド州で主に食べられているビリヤニ。
インドで有名なビリヤニといえば、ハイダラバードビリヤニだが、
同じようにパキスタンでビリヤニといえば
シンディビリヤニといわれるほど有名なビリヤニ。

材料

マトン　400g

じゃがいも　200g

スライス玉ねぎ　100g

トマト　200g

ヨーグルト　50g

すりおろしにんにく　24g

すりおろししょうが　24g

千切りしょうが　6g

青唐辛子orししとう　2本

サラダ油　大さじ4

スライスレモン　¼個分

アルブハラ　適量

水200㎖

バスマティライス　400g

Ⓐ ————————

クミンシード　小さじ½

クローブ　6個

シナモン　3cm×2かけ

ブラックカルダモン　1個

グリーンカルダモン　4個

スターアニス　8かけ

ベイリーフ　1枚

ブラックペッパーホール　小さじ½

Ⓑ ————————

コリアンダーパウダー　小さじ2

クミンパウダー　小さじ1

ターメリック　小さじ1

カイエンペッパー　小さじ1

塩　10g

Ⓒ ————————

クミンシード　小さじ½

カルダモン　3個

シナモン　3cm×2かけ

クローブ　3個

塩　45g

水　3ℓ

お好みで ————————

ギー　適量

パクチー　適量

作り方

グレービーを作る

1 厚手の深い鍋Ⓐにサラダ油大さじ4を入れ、スライス玉ねぎを10分ほど炒めてフライドオニオンを作る。

2 フライドオニオンを取り出し、油が残った鍋Ⓐで、材料Ⓐを炒めて香りを出し（テンパリング）を行う。

3 すりおろしにんにく・すりおろししょうが→縦半分に切った青唐辛子orししとう、マトン→材料Ⓑ→トマト→ヨーグルト→フライドオニオン2/3→水200㎖、4等分にしたじゃがいも、アルブハラの順に入れる（次の食材を入れる前に各工程で1分ほど炒める）。

4 食材に火が通るまで、15分ほど煮込む。

米 を 炊 く

1 別の大きめの鍋Ⓑに材料Ⓒの水3ℓを湧かしてから、残りの材料Ⓒを入れる。

2　沸騰したら、水につけておいたバスマティライスを入れ、米が踊る程度の火加減でゆでる。

3　約3分半（50％）ほどゆで上がったら、½取り出して鍋Ⓐの中に入れる。その後約5分半（80％）ゆで上がったら残りのお米をすべて取り出し、鍋Ⓐに入れる。

ビリヤニを炊く

1　米の上に千切りしょうが、スライスレモン、残りのフライドオニオン、お好みでパクチー、ギーを散らし、しっかりフタをして火にかける。

2　中火で5分、弱火で10分、火を止めて5分蒸らして完成。

コルカタチキンビリヤニ

インドの東の大都市コルカタで教わったビリヤニ。
じゃがいもとミーターアーターという独特な香りがする香料が
入っているのが特徴的。コルカタというと魚介をイメージする方も
多いだろうが、実はビリヤニも有名。

材 料

着色料（黄色）　適量

バスマティライス　400g

Ⓐ

鶏もも肉　400g

スライス玉ねぎ　100g

じゃがいも　200g

ヨーグルト　50g

すりおろしにんにく　15g

すりおろししょうが　15g

トマト　20g

牛乳　50mℓ

水　150mℓ

ビリヤニマサラ　小さじ3

カイエンペッパー　小さじ1

サラダ油　大さじ4

ミーターアーター（お好み）　数滴

塩　10g

Ⓑ

クミンシード　小さじ1

カルダモン　6個

シナモン　3cm×2かけ

クローブ　6個

ベイリーフ　1枚

塩　45g

水　3ℓ

お好みで

ギー　適量

＊ビリヤニマサラ:カルダモン25g、シナモン18g、
　　メース13g、ナツメグ3g、コショウ3g、クミン3g、
　　スターアニス13g

作 り 方

グレービーを作る

1 材料Ⓐのじゃがいもの皮を剥き、6等分に切り
鍋Ⓐで塩ゆでする。

2 　別の鍋**B**にサラダ油大さじ4を入れ、スライス玉ねぎを10分ほど炒めてフライドオニオンを作る。

3 　フライドオニオンを取り出し、同じ鍋**B**にすりおろしにんにく、すりおろししょうがを入れて炒める。

4 　鍋**B**に一口大に切った鶏もも肉を追加して炒める。

5 　肉の表面が色づいてきたら、弱火にしてビリヤニマサラ、カイエンペッパー、塩10gを入れて炒める。

6 さらにトマト、ヨーグルト、牛乳、水150mlを入れ、沸騰したら弱火にして肉に火が通るまで約5分煮込む。

7 香りづけに数滴ミーターアーターを入れる。

8 塩ゆでしたじゃがいもを中央に置き、フライドオニオンを上から散し、グレービーは完成。この時に混ぜない。

米 を 炊 く

1 別の大きめの鍋❻に材料❸の水3ℓを沸かしてから、残りの材料❸を入れる。

2 沸騰したら、水につけておいたバスマティライス
を入れ、米が踊る程度の火加減でゆでる。

3 約3分（40%）ほどゆで上がったら、½を取り出し
て肉が入った鍋❸の中に入れる。

4 その後約5分半（80%）ゆで上がったら残りをす
べて取り出し鍋に入れる。

ビリヤニを炊く

1 米の上にお好みでギーと水で解いた着色料をち
らし、しっかりフタをして火にかける。

2 中火で約5分、湯気が出て来たら弱火で10分、
最後に5分蒸らす。

3 完成したら、優しく下から混ぜ合わせる。

POINT

使用するじゃがいもの種類は、できれば煮崩れしにくい
メークインがおすすめ。
現地のビリヤニにもメークインが使われており、丸々1個
などの大きなサイズが入っている。

55

ラホーリーマトンビリヤニ

パキスタンのインド国境に近い都市、ラホールで習ったビリヤニ。
作り方は非常にシンプルで、プラオではないか？と思う人も
いるかもしれないが、作り手がビリヤニといっていたので、
これはプラオではなくビリヤニである。

材料

マトン　600g
牛乳　250g
ヨーグルト　50g
水　200㎖
スライス玉ねぎ　70g
すりおろしにんにく　16g
すりおろししょうが　16g
千切りしょうが　5g
サラダ油　大さじ4
塩　15g
着色料　適量
ギー　小さじ2
バスマティライス　400g

Ⓐ ────────────

クミンシード　小さじ½
クローブ　6個
シナモン　3cm×3かけ
カルダモン　10個
ブラックペッパー　小さじ1
青唐辛子　2本

お好みで ────────────

パクチー　適量

作り方

グレービーを作る

1 厚手の深い鍋にサラダ油大さじ4を入れ、スライス玉ねぎを10分ほど炒めてフライドオニオンを作る。

2 フライドオニオンを取り出し、残った油で材料Ⓐのホールスパイス、すりおろしにんにく、すりおろししょうが、青唐辛子を入れて炒める。

3 一口大に切ったマトンを入れて軽く炒める。

4 塩15g、水200mℓを入れてマトンに火が通るまで煮込む。

5 フライドオニオンを2/3入れて、ヨーグルト、牛乳を入れて一煮立ちさせて、千切りしょうがを入れる。

ビリヤニを炊く

1 水につけておいたバスマティライスを鍋に入れて、再沸騰するまでかき混ぜる。再沸騰したらフタをして弱火で10分炊く。

2 炊き具合を確認し、軽く混ぜる。

3 残りのフライドオニオン、パクチー、ギー、水で溶いた着色料を振りかけて、5分蒸して完成。

キーマビリヤニ

現地でキーマビリヤニは見たことがないが、
バスマティライスとひき肉の相性は抜群だと考えて作った創作ビリヤニ。

材 料

マトンのひき肉　600g

スライス玉ねぎ　100g

すりおろしにんにく　16g

すりおろししょうが　16g

青唐辛子 or ししとう（スリット入り）　2本

サラダ油　大さじ4

ヨーグルト　200g

バスマティライス　400g

Ⓐ ───────────

クミンシード　小さじ½

クローブ　6個

シナモン　3cm×3かけ

グリーンカルダモン　4個

ブラウンカルダモン　1個

塩　10g

Ⓑ ───────────

カイエンペッパー　小さじ2

コリアンダーパウダー　小さじ2

ターメリック　小さじ1

Ⓒ ───────────

カルダモン　4個

シナモン　3cm×2かけ

クローブ　4個

塩　45g

水　3ℓ

お好みで ───────────

ギー　適量

パクチー　適量

作 り 方

グ レ ー ビ ー を 作 る

1　厚手の深い鍋Ⓐにサラダ油大さじ4を入れ、スライス玉ねぎを10分ほど炒めてフライドオニオンを作る。

2 フライドオニオンを取り出し、油の残った同じ鍋
　Ⓐで、材料Ⓐのホールスパイスを炒め香り出し
　（テンパリング）を行う。

3 すりおろしにんにく・すりおろししょうが→青唐辛
　子 or ししとう→ひき肉を入れて火が通るまで炒
　める。

4 材料Ⓑのパウダースパイスと材料Ⓐの塩、ヨー
　グルト→フライドオニオン⅔を入れて少々煮込む。

米 を 炊 く

1 別の大きめの鍋Ⓑに材料Ⓒの水を3ℓ湧かして
　から、残りの材料Ⓒを入れる。

2 沸騰したら、水につけておいたバスマティライスを入れ、米が踊る程度の火加減でゆでる。

3 3分半（50%）ほどゆで上がったら、½を取り出してグレービーの鍋の中に入れる。

4 その上に、5分半（80%）ほどゆでたお米をすべて取り出して入れ、残りのフライドオニオン、お好みでギー、パクチーを散らす。

ビリヤニを炊く

1 フタをして中火で5分、弱火で10分、火を止めて5分蒸らして完成。

フィッシュビリヤニ

生クリームを使い、リッチなテイストに仕上げた創作ビリヤニ。
ちなみにインドで魚のビリヤニを見つけるのは稀。

材 料

白身魚　600g

スライス玉ねぎ　100g

すりおろしにんにく　16g

すりおろししょうが　16g

サラダ油　大さじ4

生クリーム　100㎖

水　100㎖

トマト　300g

ターメリック　小さじ1

塩　少々

バスマティライス　400g

Ⓐ ──────────

クミンシード　小さじ0.5

クローブ　4個

シナモン　3cm×3かけ

グリーンカルダモン　6個

コリアンダーパウダー　小さじ2

カイエンペッパー　小さじ1

塩　15g（少なめに入れて調整）

Ⓑ ──────────

塩　45g

クミンシード　小さじ1

カルダモン　3個

シナモン　3cm×2かけ

クローブ　3個

ベイリーフ　1枚

水　3ℓ

お好みで ──────────

ギー　適量

パクチー　適量

作 り 方

グレービーを作る

1　白身魚を大きめに切り、塩少々、ターメリックでマリネする。

2 フライパンで魚を揚げ焼きにして、表面に焼き色がついたら、取り出しておく。

3 厚手の深い鍋Ⓐにサラダ油大さじ4を入れ、スライス玉ねぎを10分ほど炒めてフライドオニオンを作る。

4 フライドオニオンを取り出し、油の残った同じ鍋Ⓐで、材料Ⓐのホールスパイスを炒めて香り出し（テンパリング）を行う。

5 鍋Ⓐにすりおろしにんにく・すりおろししょうがを入れて軽く炒める。

6 鍋🅐にトマト、材料🅐のパウダースパイスと塩、フライドオニオン⅔を入れて混ぜる。

7 魚と水100mlを入れて10分ほど煮込む。

8 魚に火が通ったら、生クリームを入れて、味を整えたら魚を取り出しておく。

米 を 炊 く

1 別の大きめの鍋🅑に材料🅑の水3ℓを湧かしてから、残りの材料🅑を入れる。この時の塩加減は海水程度。

2 沸騰したら、水につけておいたバスマティライス
を入れ、米が踊る程度の火加減でゆでる。

3 3分（40%）ほどゆで上がったら、½を取り出して
グレービーの鍋Ⓐの中に入れる。

4 鍋Ⓐの米の上に取り出しておいた魚をまんべん
なくのせる。

5 5分半（80%）ほどゆでたお米をすべて取り出し、
魚の上に入れる。

5 上に残りのフライドオニオン、お好みでギー、パクチーを散らす。

ビリヤニを炊く

1 フタをして中火で5分、弱火で10分、火を止めて5分蒸らす。

2 完成したら、優しく下から混ぜ合わせる。

POINT

使用する白身魚は、タラ・サーモン・タイ・カレイ・スズキなど、一般的にスーパーで購入できるものでOK（今回はタラを使用）。

プラウンビリヤニ

ビリヤニ太郎が考えた創作ビリヤニで、白をベースとしたビリヤニ。
ちなみにインドでエビのビリヤニを見つけるのは稀である。

材 料

エビ　600g

スライス玉ねぎ　100g

すりおろしにんにく　16g

すりおろししょうが　16g

青唐辛子（スリット入り）　2本

サラダ油　大さじ4

ココナッツミルク　200㎖

バスマティライス　400g

Ⓐ

クミンシード　小さじ½

クローブ　6個

シナモン　3㎝×3かけ

グリーンカルダモン　6個

ブラックペッパーホール　小さじ1

ブラックペッパーパウダー　小さじ½

コリアンダーパウダー　小さじ1

カレーリーフ（生or乾燥）　10枚

塩　10g

Ⓑ

クミンシード　小さじ1

カルダモン　4個

シナモン　3㎝×2かけ

クローブ　4個

塩　45g

水　3ℓ

お好みで

ギー　適量

パクチー　適量

作 り 方

グレービーを作る

1　厚手の深い鍋Ⓐにサラダ油大さじ4を入れ、スライス玉ねぎを10分ほど炒めてフライドオニオンを作る。

2 フライドオニオンを取り出し、油が残った鍋Ⓐで、材料Ⓐのホールスパイスを炒めて香り出し（テンパリング）を行う。

3 カレーリーフ、すりおろしにんにく・すりおろししょうが→青唐辛子→エビ→パウダースパイス、塩10g、ココナッツミルク→フライドオニオン⅓を入れて少々煮込む。

4 エビに火が通ったら、エビを取り出しておく。

米 を 炊 く

1 別の大きめの鍋Ⓑに水3ℓを沸かして、材料Ⓑを入れ、沸騰したら、バスマティライスを入れて米が踊る程度の火加減でゆでる。

2 3分（40%）ほどゆで上がったら、½を取り出して
グレービーの鍋Ⓐの中に入れる。

3 その上に取り出しておいたエビをのせ、上に5分
半（80%）ほどゆでたお米をすべて取り出し鍋Ⓐ
に入れる。

4 残りのフライドオニオン、お好みでギー、パクチー
を散らす。

ビリヤニを炊く

1 フタをして中火で5分、弱火で10分、火を止めて
5分蒸らして完成。

ベジタブルビリヤニ

インドでも多いベジタリアンでも食べられるベジタブルビリヤニ。
お肉を使っていなくても十分満足感のある1品です。

材料

ギー　小さじ2
バスマティライス　400g

Ⓐ
お好みの野菜やパニール*1　600g
　*1 インドのカッテージチーズ
トマト　100g
ヨーグルト　100g
スライス玉ねぎ　70g
すりおろしにんにく　20g
すりおろししょうが　20g
クミンシード　小さじ½

フェンネルシード　小さじ½
シナモン　3cm×3かけ
スターアニス　8個
カイエンペッパー　小さじ1
コリアンダーパウダー　小さじ1
サラダ油　大さじ4
塩　20g
水　500㎖

お好みで
パクチー　適量

作り方

グレービーを作る

1 鍋Ⓐにサラダ油大さじ4を入れ、スライス玉ねぎを10分ほど炒めてフライドオニオンを作る。

2 フライドオニオンを取り出し、残った油でホールスパイス、すりおろしにんにく、すりおろししょうがを入れて炒める。

3 一口大に切ったお好みの野菜とパニールを炒める。

4 トマト、ヨーグルトを入れ炒め、パウダースパイスを入れて軽く炒めたあとに、水500mℓを入れる。

5 フライドオニオンを⅔入れて、野菜に火が通るまで煮る。

ビリヤニを炊く

1 水につけておいたバスマティライスを鍋**Ⓐ**に入れて、再沸騰するまでかき混ぜる。再沸騰したらフタをして弱火で10分炊く。

2 炊き具合を確認し、軽く混ぜる。

3 フライドオニオン、パクチー、ギーを振りかけて、5分蒸して完成。

POINT

使用する野菜は、じゃがいも・にんじん・グリーンピース・カリフラワー・れんこんなどがおすすめ。水気の少ない野菜を使うと美味しく仕上がる。

アフガンカブリプラオ

アフガニスタンで食べられているビリヤニの親戚であるプラオ。
にんじんを使って色鮮やかに仕上げられている。
ちなみに中央アジアではプロフとして似たような料理がある。

材 料

バスマティライス　400g

Ⓐ ────────────────

マトン　600g
スライス玉ねぎ　100g
クミンシード　小さじ2
サラダ油　大さじ3
塩　18g
水　700㎖

Ⓑ ────────────────

にんじん　200g
レーズン　50g
サラダ油　大さじ1
塩　少々

作 り 方

グレービーを作る

1 厚手の深い鍋Ⓐにサラダ油大さじ3を入れ、スライス玉ねぎを10分ほど炒めてフライドオニオンを作る。

2 そのまま一口大に切ったマトンを入れて、軽く炒める。

3 水700mℓと塩18gを入れて、マトンが柔らかくなるまで15〜20分ほど煮込む。お肉の質によって煮込む時間変わるので、様子を見ながら調節する。

4 フライパンに、サラダ油大さじ1を入れて、材料Bの太めの千切りにしたにんじん、塩少々を入れて炒める。

5 しんなりしたらレーズンを加えて少し炒め、置いておく。

ビリヤニを炊く

1 鍋Ⓐの水分が500mlほどになるまで煮詰めて、再沸騰したら水につけておいたバスマティライスを入れる。

2 クミンシードを入れて再度沸騰するまで混ぜながら火にかける。

3 再度沸騰してきたら、フライパンの材料をすべてお米の上にのせて、フタをして弱火で10分、火を止めて5分蒸らして完成。

ライタ

ビリヤニのつけ合わせには、欠かせないヨーグルトのソース。
お好みの野菜を入れて、ヨーグルトのサラダとして食べても良い。

材 料

ヨーグルト　200㎖
水　100㎖
クミンシード　小さじ½
塩　3g

作 り 方

1　クミンシードをフライパンで乾煎りする。

2　麺棒などで荒く砕く。

3　すべての材料をよく混ぜて完成。

＊塩の量は各自で調整
＊水の量を調整することで、粘度をお好みに変
　更可能

オニオンライタ

南インドでよくビリヤニのつけ合わせとして出てくるタイプのライタ。
ヨーグルト主体というよりも、玉ねぎにヨーグルトを和えたもの。

材 料

ヨーグルト　100g
赤玉ねぎ*1（くし切り）　50g
　*1　エシャロットや玉ねぎでも可
パクチー　適量
塩　ひとつまみ

作 り 方

1　塩をヨーグルトに加える。

2　赤玉ねぎ、パクチーを加え、よく混ぜて完成。

　　*塩の量は各自で調整
　　*水を入れることで粘度をお好みに変更可能

ミルチ・カ・サラーン

ハイダラバードビリヤニのつけ合わせに欠かせない、
ピーナッツベースのカレー。
ビリヤニにかけずとも、カレーとして食べても美味しい1品。

材 料

甘長唐辛子　6本
玉ねぎ（みじん切り）　100g
すりおろしにんにく　10g
すりおろししょうが　10g
タマリンド　15g
水　計700mℓ
サラダ油　大さじ5

Ⓐ ────────────────

ピーナッツ　80g
ゴマ　10g
ココナッツファイン　10g

Ⓑ ────────────────

クミンシード　小さじ½
マスタードシート　小さじ½
フェネグリークシード　小さじ1/4
クローブ　4個
シナモン　3cm×1かけ
カルダモン　4個

Ⓒ ────────────────

クミンパウダー　小さじ1
コリアンダーパウダー　小さじ1
カイエンペッパー　小さじ½
ターメリック　小さじ½
塩　10g

作 り 方

1　タマリンドを100mℓの水につけて、果肉をこす。

2 材料Ⓐのピーナッツをフライパンで炒り、残りの
材料Ⓐを入れて再度炒る。

3 2をミキサーに適量の水とともに入れてペースト
にする。

4 鍋Ⓐにサラダ油大さじ5を入れて、甘長唐辛子
を油通しして取り出す。

5 油の残った鍋Ⓐに材料Ⓑのホールスパイス、す
りおろしにんにく、すりおろししょうが、玉ねぎ(み
じん切り)を入れて炒める。

6 玉ねぎが狐色になったら、材料 **C** のパウダースパイスと塩を入れて軽く炒める。

7 **2** のペースト、残りの水、タマリンドを入れて5分ほど煮込む。

8 甘長唐辛子を戻して、1〜2分煮込んで、必要に応じて水を足してお好みの粘度にして、塩で味を整えて完成。

＊甘長唐辛子をナスで代用してもOK。

ビリヤニ作りのコツ

ビリヤニは本場でも専門の調理人がいるほど、調理の難易度が高い料理である。慣れないうちは、お米が水っぽかったり、逆に芯が残って固くなってしまったり、味がまとまらなかったりと、中々うまく作れないことも。そこで、ビリヤニを作る時に押さえておきたい、ちょっとしたコツを3つ紹介したい。

本書籍で紹介しているレシピは、コツを踏まえレシピ通り進めればうまくできるようになっているため、ビリヤニ作りに参考にしていただければと思う。

※ここでは、3つある作り方のうち、パッキとカッチ式についての紹介。

コツ 1 お米を炊く時は、大量のお湯で炊け！

ビリヤニを作る時は、グレービーを作る鍋とは別に、お米を湯取りするための鍋を用意する必要がある。この時に、「大量のお湯で炊く」というのが、何よりのポイントだ。その理由は2つある。

理由1：デンプン質を薄くするため

お米を鍋でゆでていると、お米からデンプン質ができてくる。少ないお湯の量だと、このデンプン質が原因でお湯が粘りを帯び、お米にネバネバ感が残り、グレービーと一緒に炊き上げた時に、ビリヤニの醍醐味であるパラパラ感が損なわれてしまう。そこで、大量のお湯でお米を炊くことでこのデンプン質を薄めるとパラパラの美味しいビリヤニとなる。

理由2：お湯の温度を下げないため

お米を炊く時は、沸騰したお湯にお米を投下し、再沸騰させる必要がある。これはお米の種類にもよるが、ビリヤニに使うバスマティ米は約7分で炊き上がり、沸騰していない状態で長時間煮込んでいると、煮崩れしてしまうからだ。そのため沸騰したお湯にお米を投下した時に、お湯の温度が下がるのを最小限に抑え、最短で再沸騰させるために大量のお湯でお米を炊き上げる必要がある。お米を投下してから米粒がプクプク浮き始めたら、しっかり炊けている合図なので安心してほしい。さて、「大量のお湯で炊け！」と書いたが、大量のお湯とはお米に対してどのぐらいかというと、お米100gに対して、お湯0.75-1リットルほどを目安にしてもらえれば十分である。

コツ 2 お米を炊くお湯には、大量の塩を入れろ！

お米を炊く時には、ホールスパイス一

式と塩を入れるのが一般的だが、塩の量を間違えている人が多い。レシピなどを読んでも、塩：少々などと書いてあったりするが、これは間違い。お米に味がつかず、ボヤっとした薄味のビリヤニになってしまう。正しくは、水1ℓに対して塩10－15gほどで、舐めた時に結構な塩辛さを感じるぐらい。パスタでも同じように、濃いめの塩分濃度のお湯でパスタそのものにしっかり下味をつけるといわれており、ビリヤニでも同じく、しっかりとお米に下味をつけることで、お店のような美味しいビリヤニになる。実際にお米に塩味がしっかりついてないビリヤニは、何か物足りない仕上がりになるが、大体はこれが原因だ。インド各地でビリヤニの作り方を習ってきた私だが、どこのビリヤニも共通して、しっかり味がついたお湯でお米をゆでていたので、間違いない知識であろう。ビリヤニを作っていて、「何か物足りないな……」と思った方は、ぜひ試してみてほしい。

コツ3 グレービーに接する
お米は固めに炊け！

ビリヤニ作りにおいて、一番難しいのがお米の炊き加減。ここで押さえておきたいのが、グレービーに接する部分のお米は、固めに炊くことだ。まず種類にもよるが、バスマティライスは、沸騰した

お湯に入れてから7分で炊き上がる。ビリヤニは、お米を湯取りしてグレービーと一緒に炊く工程があるので、7分経ったお米を入れてしまうと、おじやのような柔らかいビリヤニになってしまう。特にグレービーは水分が多いため、下の部分のお米が崩れてしまう結果となる。そこで、グレービーに接する部分は固めに炊いておくことで、炊き上がった時にお米の炊け具合が100％の状態を目指す。この「固めに炊いておく」というのは、グレービーの水分量にもよって変わってくるが、たいてい3分半〜5分半ぐらいで湯取りすれば良い。固めに炊いたお米は、お米を全部入れた状態でグレービーで浸食されるであろうところまで入れて、それ以外は6分半ほどで湯取りした「蒸すだけで炊けるお米」を入れることで、炊き上がった時に完璧な炊け具合となる。

ここで注意しておきたいのが、「固めに炊いたお米」を入れすぎると、グレービーに浸食されなかった部分だけ、芯の残ったお米になってしまうこと。

これに関しては、ある程度経験が必要だと思うので、何度もビリヤニを作って習得が必要だ。

硬いお肉の対処法

残念ながら日本で柔らかく美味しいマトンを手に入れることは中々難しい。冷凍で売られているマトンも肉質が硬いことがほとんどだ。

私がこの硬いお肉を美味しくする方法としておすすめしたいのは、酵素を多く含むフルーツにつけることだ。実際に現地では、お肉を柔らかくするために青パパイヤを使っていることが多いが、日本ではこれも入手が困難であるため、キウイを使うのをおすすめしている。もちろんパイナップルなど他の酵素が多いフルーツでも問題ないが、私はキウイがビリヤニの味にあまり影響を与えず、一番適切だと思う。

方法

1 マトン500gに対して、キウイ¼個～½個をすりつぶす

2 最低30分以上つけておく

ちなみに長時間煮込むという方法もあるが、煮込みすぎるとお肉のジューシーさが失われてしまうこと、カッチビリヤニはそもそも事前に火にかけないことから、上記の方法をおすすめしている。もちろん美味しいマトンを入手するに越したことはない。コストコなどでは、冷凍せず真空チルドで輸入している美味しいマトンを販売していたりするので、そちらもぜひ試してみてほしい。

オレンジのお米の正体は着色料

ビリヤニにハマり、自分で作るようになった方なら一度は「お店で食べるオレンジのお米の色はどのように出すの？」と疑問に思ったことがあるのではないだろうか。

私もこの色を再現するため、パプリカを振りかけてみたり、チリを油通しした赤い油をかけてみたりと実験したが、このオレンジ色を出すことはできなかった。

そしてさらなる試行錯誤重ねた結果、ついにたどり着いたのが食用の着色料である。しかも日本で売っている着色料ではこの色は出ず、インドで売っている着色料でないとあのオレンジ色にはならない。

個人で手に入れたい場合は、インド食材店に行くか通販で購入すれば、自宅でもあのオレンジ色が再現可能だ。

◀本場のビリヤニは爽やかなオレンジ色のお米が目を引く

▲赤い色をしているが、水でといて使うとオレンジ色になる

世界のビリヤニ

ビリヤニを求めて各地を旅し、今まで私が海外で
食べ歩いてきたビリヤニをここで紹介したい。

中国〜中央アジア〜パキスタン〜イラン

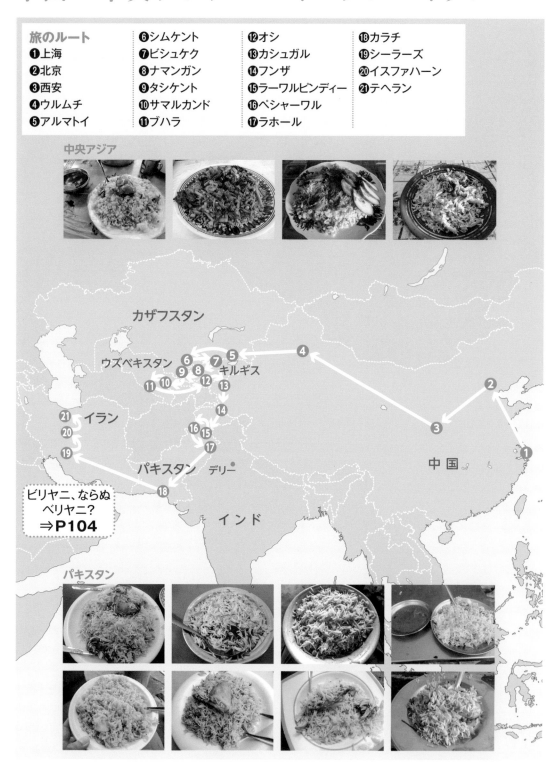

旅のルート	❻シムケント	⓬オシ	⓲カラチ
❶上海	❼ビシュケク	⓭カシュガル	⓳シーラーズ
❷北京	❽ナマンガン	⓮フンザ	⓴イスファハーン
❸西安	❾タシケント	⓯ラーワルピンディー	㉑テヘラン
❹ウルムチ	❿サマルカンド	⓰ペシャーワル	
❺アルマトイ	⓫ブハラ	⓱ラホール	

中央アジア

カザフスタン

ウズベキスタン

キルギス

イラン

パキスタン   デリー

中国

インド

パキスタン

ビリヤニ、ならぬ
ベリヤニ？
⇒P104

東南アジア

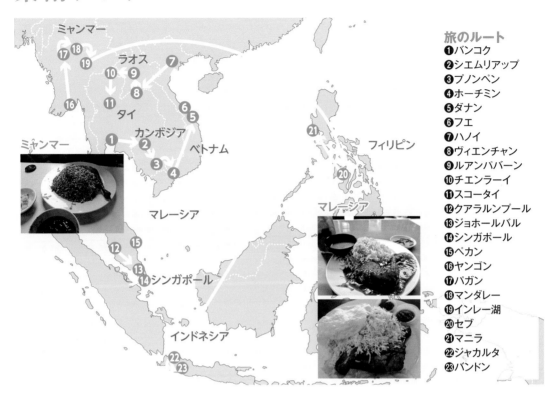

ミャンマー

ミャンマー

ラオス

タイ

カンボジア

ベトナム

マレーシア

フィリピン

マレーシア

シンガポール

インドネシア

中東〜アフリカ

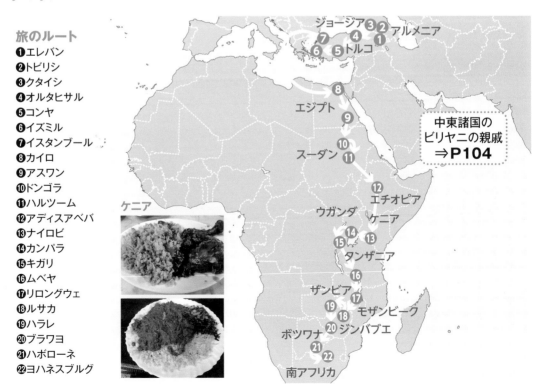

ジョージア

アルメニア

トルコ

エジプト

スーダン

中東諸国の
ビリヤニの親戚
⇒P104

エチオピア

ウガンダ

ケニア

ケニア

タンザニア

ザンビア

モザンビーク

ジンバブエ

ボツワナ

南アフリカ

初めてのインド

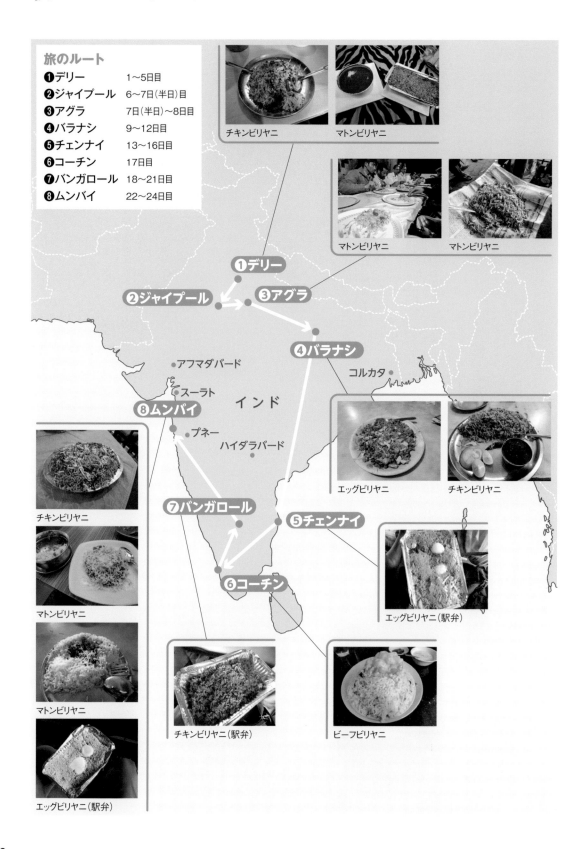

旅のルート

1. デリー　　　　1〜5日目
2. ジャイプール　6〜7日(半日)目
3. アグラ　　　　7日(半日)〜8日目
4. バラナシ　　　9〜12日目
5. チェンナイ　　13〜16日目
6. コーチン　　　17日目
7. バンガロール　18〜21日目
8. ムンバイ　　　22〜24日目

チキンビリヤニ

マトンビリヤニ

マトンビリヤニ

マトンビリヤニ

1 デリー

2 ジャイプール

3 アグラ

4 バラナシ

・アフマダバード

コルカタ ・

・スーラト

8 ムンバイ

インド

・プネー

ハイダラバード ・

エッグビリヤニ

チキンビリヤニ

7 バンガロール

5 チェンナイ

6 コーチン

エッグビリヤニ(駅弁)

チキンビリヤニ

マトンビリヤニ

マトンビリヤニ

エッグビリヤニ(駅弁)

チキンビリヤニ(駅弁)

ビーフビリヤニ

インドふたたび

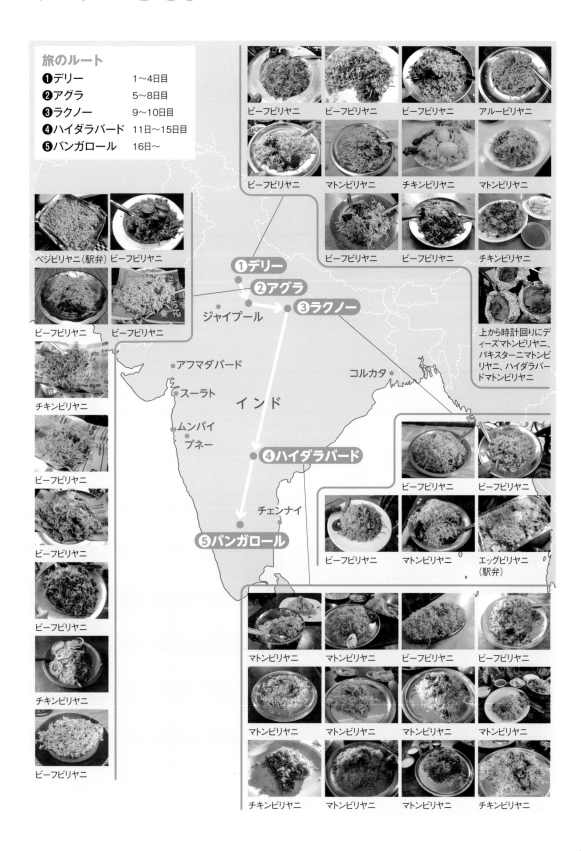

旅のルート
- ❶デリー　　　　　1〜4日目
- ❷アグラ　　　　　5〜8日目
- ❸ラクノー　　　　9〜10日目
- ❹ハイダラバード　11日〜15日目
- ❺バンガロール　　16日〜

ベジビリヤニ（駅弁）　ビーフビリヤニ

ビーフビリヤニ　ビーフビリヤニ

チキンビリヤニ

ビーフビリヤニ

ビーフビリヤニ

ビーフビリヤニ

チキンビリヤニ

ビーフビリヤニ

ビーフビリヤニ　ビーフビリヤニ　ビーフビリヤニ　アルービリヤニ

ビーフビリヤニ　マトンビリヤニ　チキンビリヤニ　マトンビリヤニ

ビーフビリヤニ　ビーフビリヤニ　チキンビリヤニ

上から時計回りにディーズマトンビリヤニ、パキスターニマトンビリヤニ、ハイダラバードマトンビリヤニ

ビーフビリヤニ　ビーフビリヤニ

ビーフビリヤニ　マトンビリヤニ　エッグビリヤニ（駅弁）

❶デリー
❷アグラ
❸ラクノー
ジャイプール
アフマダバード
スーラト
インド
ムンバイ
プネー
コルカタ
❹ハイダラバード
チェンナイ
❺バンガロール

マトンビリヤニ　マトンビリヤニ　ビーフビリヤニ　ビーフビリヤニ

マトンビリヤニ　マトンビリヤニ　マトンビリヤニ　マトンビリヤニ

チキンビリヤニ　マトンビリヤニ　マトンビリヤニ　チキンビリヤニ

現地で出会ったビリヤニ

ミャンマー

インド、中国、タイなどに囲まれ、各国の食文化が融合しているミャンマーでも実はビリヤニを食べることができる。「ダンパウ」という別名もあるが、現地ではビリヤニといっても問題なく通じる。

●層にして炊き込む？あとがけ？

ミャンマーのビリヤニはグレービーとお米を一緒に炊き込むタイプのパッキビリヤニと、スパイスなどで炊き込んだご飯にカレーをかけて食べるタイプの2種類に分かれる。

ミャンマー最大の都市ヤンゴンでは写真のパッキビリヤニタイプが主流で、グレービーとお米を一緒に炊き込む。一般的なビリヤニのように全体が混ざっておらず、薄味の部分と濃い味の部分がはっきりわかるように盛りつけられていて、濃い味の部分は玉ねぎがふんだんに使われており、甘みを感じられる味わいだった。また薄味の部分や濃い味の部分だけ追加でおかわりすることもできる。

逆にミャンマー北部に位置する第2の都市マンダレーでは、あとがけタイプが主流だ。こちらもヤンゴンのビリヤニと同じく、玉ねぎがふんだんに使われていて甘みが際立つ。また他のミャンマーのカレーと同じくかなり油っこい。このあとがけタイプを出しているお店は専門店ではなく、他の料理も出している屋台がほとんど。パッキビリヤニが主流であるヤンゴンではビリヤニ専門店が多い。

▲ヤンゴンのパッキビリヤニ

▲マンダレーのあとがけビリヤニ

●ミャンマービリヤニ、ダンパウの材料

お米はインドなどで使われているバスマティライスではなく、日本米ほどの大きさのパラパラしたインディカ米で、特に独特な香りはない。

グレービーには、前述の通り玉ねぎが多めに使われている。また、実際にミャンマーで買ったビリヤニキットを確認したところ、正体不明の魚介系の乾燥物が入っていたため、中華系の影響を受けたのか何らかの旨みが強い食材が使われることがあるようだ。

●日本でミャンマービリヤニを食べられるお店

東京の高田馬場駅周辺はミャンマー人が多く住む地区で、ミャンマー料理を出すお店が多数あり、その中にミャンマービリヤニを出しているお店が存在する。ミャンマービリヤニを味わいたい時には、スィゥミャンマーや、オリエンタルキッチンマリカに足を運んでみてほしい。

フィリピン

ビリヤニは元々イスラム教徒の料理であることから、スペインとアメリカ統治が長くビリヤニとは無縁そうな国、フィリピン。しかしビリヤニが存在するとの情報を耳にして実際に確かめてきた。

調べてみると実はスペイン統治の前、14世紀くらいにイスラム教が広まった

ことで、フィリピンには一定数のイスラム教徒が存在している。特にミンダナオ島はフィリピンでもイスラム教徒が多い地域のようだ。

●フィリピンビリヤニは存在するのか？

マニラとセブにビリヤニを探しに旅だったが、結論からいうとこの2都市にビリヤニは存在しなかった。

フィリピンの首都マニラには大きなモスクがあり、その周辺はイスラム教徒が集まるためビリヤニの存在を期待していたが、残念ながらビリヤニの親戚であるカブサしかなかった。

ビリヤニという料理さえ知らない人がほとんどで、モスクの長老に話を聞いたが、フィリピンビリヤニはお祝い事でしか食べることができない貴重な食べ物で、マニラでは作っているところはないとのこと。周辺でビリヤニのお店のことを聞くと、フィリピンビリヤニではないアラブ系レストランのビリヤニを紹介される。

ただ、マニラでミンダナオ島出身の方からビリヤニについて聞いたところ、名前はビリヤニではないが、似たような食べ物は存在するそうだ。

マレーシア

マレー系、中華系、インド系と様々な人種が存在する多民族国家のマレーシアには、独自に発展を遂げたビリヤニがある。

その名も「ナシ・ビリヤニ」。ナシとは、「お米」という意味で、同じ言葉を使った料理としてはナシゴレンなどが有名だ。

▲ビーフのナシ・ビリヤニ

●ナシ・ビリヤニはあとがけタイプ

ナシ・ビリヤニは、インドで食べられているビリヤニとは違い、スパイスで炊き上げた、通称ビリヤニライスにグレービーをかけたものになる。カレーライスのお米に若干味がついたものと考えると想像しやすいかもしれない。グレービーはビーフ、チキンが多く、稀にマトンもある。ビリヤニライス自体は、バスマティライスを使っていて、ほのかに塩とスパ

▲つけ合わせはピクルスや南インドの豆カレーサンバル

イスが感じられる薄味だ。

ナシ・ビリヤニは、インドのビリヤニとは違いグレービーがかけられており、日本のカレーライスに近いのでなじみやすいかもしれない。マレーシアの料理はどれも美味しいが、訪れた際はビリヤニにもチャレンジしてみてはどうだろう。

タイ

タイでのビリヤニは、独自の進化を遂げてカオモックガイという名前で親しまれている。元々はタイ南部に多くいるムスリムが食べていた料理であったが、現在では徐々に食べる地域が増えてきている様子だ。現地で進化したこともあり、タイ特有の甘酸っぱいタレやスープが一緒についてくることが多い。生米式だが、スパイスとお米を炒めてから炊いたり、スパイスでつけたお肉を先に炒めてあとでのせたりと、インドのビリヤニではあまり見ない作り方をしている。

シンガポール

シンガポールには、南インド出身のタミル人が多く移住していたり、マレーシアからムスリムが移住していたりすることから、一般的にビリヤニを食べることができる。お店によって南インド系のビリヤニを提供していたり、マレーシアのナシビリヤニのようなビリヤニを出していたりするものの、どちらもグレービーときゅうりなどのアチャールがついてくることが多く、シンガポールで独自の進化を遂げている。

ウイグルと中央アジア

　ビリヤニの歴史には諸説あるが、ペルシャ帝国に源流があったと仮定すると、ウイグル、中央アジアは密接な関わりがある地域だ。現在の中央アジアやウイグルには、ビリヤニの祖先・親戚であるプロフという料理があると聞き、どんなものなのかとこの一帯を訪れた。

　地域によって若干違いがあるものの、プロフの基本的な材料はマトン、にんじん（黄色とオレンジのもの2種類）、レーズン、ひよこ豆、お米で、スパイスは使われるとしてもクミンシードぐらいと少ない。

　作り方は独特で、お店のような大量調理の場合、お米以外を大量の油で炒めて、その上に水につけておいたお米を入れて炊き込む。この時、お米はグレービーに浸っていない状態であり、蒸気で蒸して炊き上げる。その後、お米をかき混ぜて再度炊き上げるのだ。

　この作り方によるのか、お米の種類による影響なのか不明だが、お米はかなり硬く、非常に油っこいというのが正直な印象である。余計な調味料を使っていないことから、ビリヤニのような複雑な味

▲調理中のプロフ

わいはないが、これはこれで美味しい。

　このプロフもお祝いごとの定番であり、グレービーとお米を層にして作ることを考えると、ビリヤニの祖先といわれると納得だ。

パキスタン

　パキスタンに行かずしてビリヤニを語ることはできない。それは、元々ビリヤニがイスラム教徒の料理であるからだ。現にインドでもビリヤニを作っているのはほとんどがイスラム教徒である。元々1つの国であったインドとパキスタンだが、インドのイスラム教徒が独立して作った国がパキスタンだ。この背景を考慮すると、人口の大半がイスラム教徒のパキスタンが実はビリヤニの本場なのではないかという仮説さえ立てられる。このような理由で私は北はスストから南はカラチまでビリヤニ巡りの旅に出た。

●最北端のビリヤニ

　ビリヤニの親戚といわれるプロフをウイグルや中央アジアで食べ、中国からカラコルム峠を抜けて到着したパキスタン最初の町は、ススト呼ばれる何もない国境の町だった。さすがにこんなところにビリヤニがあるとは思えなかったが、少し歩き回ってみるとすぐにお店を見つけることができた。

　しかし、肝心のビリヤニの出来前というと、お米に芯が残っていて味はいまいち。ススト周辺に何もなく、調理器具もまともに揃っていない環境なので、料理をするには不便な土地であることは考

慮しなければならない。出来前はさておき、この辺境の街でさえビリヤニに出会えるとはさすがパキスタンだと感心させられた。

その後、宿泊したホテルのスタッフにお願いしたところ、ビーフ（バッファロー）のビリヤニを作ってくれた。これがパキスタンでの最初で最後のチキン以外のビリヤニとなった。

インドの屋台ではビーフが主流だが、作ってくれたスタッフに話を聞くと、パキスタンの北部ではスパイスをあまり使わないらしく、そもそもビリヤニを作ること自体ほとんどないそうだ。いわれてみればここで食べたビリヤニはあっさりとしてスパイスは少なめな味わいだった。

● フンザ・ギルギッド

フンザは桃源郷として知られ絶景を一望できる地だが、ビリヤニを食べられる場所は2件しかない。この一帯はスパイス屋もほとんどなく、市販のShan社のビリヤニマサラが使用される。

その後訪れたギルギッドでは結婚式の料理を食べる機会に恵まれた。驚かされたのは、結婚式で振る舞われていたのはビリヤニではなく、スパイスをあまり使わない炊き込みご飯、ビリヤニの親戚のプラオであったことだ。インドで何度かイスラム教徒の結婚式で料理を食べさせてもらったことがあるが、そこではもちろんビリヤニが振る舞われていた。パキスタンの結婚式でも当然ビリヤニが振る舞われるものだと思っていたが、主催者に話を聞くと、結婚式では子供も大勢来

るため、ビリヤニよりも辛くないプラオを作るのが一般的とのことだった。

● ラワールピンディー・ペシャーワル

パキスタンの交通網が集中し、人やリキシャ（三輪タクシー）が増え、建物も多く町らしくなってくるラワールピンディー。それに伴いビリヤニのレベルも一気に上がり、炊き加減もパラパラの完璧な状態で、パキスタンらしい酸味が少し効いた味に仕上がっている。この酸味はトマトとレモン、アルブハラというパキスタンの梅干しのようなものでつける。

その後はアフガニスタン国境に近いペシャーワルへ向かうと、すぐにビリヤニらしきものが目に入った。早速食べてみると、それはビリヤニでなくカブールライスという、アフガニスタンのレーズンとひよこ豆とお肉を使った炊き込みご飯だった。この料理を出す店がずらりと何件も並んでいる様子を見ると、ペシャーワルではカブールライスが主流だということがわかる。

実際に町を歩いていても、カブールライスはすぐに見つかるがビリヤニを見つけるのは一苦労だった。肝心のビリヤニ

▲ペシャーワルのカブールライス

だが、インドのデリーのようにオレンジ色に着色されているのが特徴的だった。

●ラホール・カラチ

ラホールのビリヤニは生米から作るタイプであっさりした味わいが特徴。あるお店で作り方を教えてもらったところ、バスマティライスではなく、一回り大きく、コシがあって食べごたえある品種のセーラ米を使っているそうだ。

最後に訪れた町、カラチのビリヤニは「シンディビリヤニ」としても有名で、パキスタン人も「美味しいビリヤニはカラチにある」と声を揃えていう。シンディビリヤニの特徴はじゃがいもが入っていて、お米がオレンジ色に着色されていること。またスパイスが効いていて辛めの味つけである。ビリヤニが有名なカラチ

▲カラチのシンディービリヤニ

▲チェーンのビリヤニ店、スチューデントビリヤニ

だけあって、お店がたくさんあり、スチューデントビリヤニというパキスタンで幅広くチェーン展開しているビリヤニ専門店の発祥の地でもある。ハイダラバードがインドのビリヤニ激戦区であるならば、パキスタンではカラチがそれにあたるだろう。

●パキスタンのビリヤニを食べ歩いて

パキスタンのビリヤニを食べ歩いて感じたことが3つある。

1つはビリヤニのレベルの高さ。パキスタンでは本当にどこでも美味しいビリヤニに出会え、フライパンで炒めるうそビリヤニを出すお店などなく、どの店も大きな鍋で大量に作っている。インドでも稀にうそビリヤニが提供されるため、美味しいビリヤニに出会える確立はパキスタンの方が高いのではないだろうか。

2つ目はビリヤニに使う肉が基本的にチキンであること。ビリヤニはチキンかマトンが主流だが、私がパキスタンで食べたビリヤニは1つを除いてすべてがチキンビリヤニだった。聞いたところによると、マトンはチキンの数倍の値段がするため庶民は食べられないという。

3つ目は油の量だ。インドのビリヤニを知っている人なら、ビリヤニがどれほど油っこい食べ物かご存知だろう。それに対してパキスタンのビリヤニは比較的油が少なく、食べていても口の周りがギトギトにならないので、食べやすいのではないだろうか。

イラン

●ビリヤニ、ならぬベリヤニ？

　ペルシャ帝国は現在のイランにあたるため、ビリヤニの起源となる食べ物が存在するのでは、と思い立ってイランへも足を運んだ。

　イランではナンが主食だが、お米も食べる習慣があるため、すぐ見つかるだろうと高をくくっていたのだが、街住く人に聞いても全く通じない。諦めずに聞き込みをしていたら、1人があるお店を教えてくれ、そこでビリヤニを頼んでみると店員もOKと注文を受けてくれた。イランのビリヤニはどんなものなのか、と期待に胸を膨らませて待っていたら、出てきたのはなぜかナンの上にひき肉が乗った料理。定員に「これはビリヤニ？」と聞いても、「そうだよ、これはベリヤニだよ」といわれてしまい、せっかくな

ので美味しくいただいたが、私が追い求めていたビリヤニとは似て非なるものであった。

　後々わかったことだが、出てきた料理は「ベリヤニ」というイランのれっきとした伝統料理で、ビリヤニと発音は似ているが、全く別の料理ということ。イランに滞在している最中は、ほぼ毎日ビリヤニに似た食べ物を探し回っていたが、残念ながら私が求めているビリヤニの起源となる料理は見つけることが叶わなかった。

▲お店で提供されたベリヤニ

---

column
中東諸国のビリヤニの親戚

　ドバイ・カタール・サウジアラビア・オマーンなどの中東諸国にはビリヤニの親戚と思われる食べ物が存在する。基本的に生米式の作り方で、ビリヤニのように別鍋で炊いたお米をグレービーと一緒にするという作り方はしないそう。ただ中東諸国でもビリヤニ同様、おもてなしの料理としてこれらは定番となっており、豪快にラクダや羊を丸々1頭使って作られることもある。ここでは代表的なカブサ、マンディ、マクルバの解説をしたいと思う。

●カブサ（マクブース、ブハリ）

　これは中東でよく食べられている炊き込みご飯の一種で、ビリヤニの生米式とほぼ同じ作り方をしている。フライドオニオン、トマト、スパイス、お肉でグレービーを作り、その中に生米を入れる。ただ、お米を炊く際にお肉だけを出してお米を炊き、皿に盛る時にお肉をあとでのせることもある。

●マンディ

　カブサと似ているが、お米はスパイスで炊

き上げて、お肉は別途タンドールやオーブンで焼き、お米を盛ったお皿にお肉をのせて提供される。カブサとマンディの違いは、ビリヤニとプラオのように線引きが中々難しいが、お米とお肉を別々に準備する点が異なる。

● マクルバ

これも炊き込みご飯の一種であるが、マクルバとはアラビア語で「ひっくり返す」という意味で、その料理名の通り、鍋をひっくり返して盛りつける。スパイスやお肉でグレービーを作っておき、別鍋の底にナス、トマトなどの野菜を敷き、水につけておいたお米を入れて、グレービーを入れてから炊き上げる。また野菜→お米→野菜→お米のように層にして作ることもある。

「中東で一番有名なサラリーマン」　鷹鳥屋明氏

「カブサ・マンディ・マチブース・マンサフ・マクルーベ」この言葉とそれぞれの違いを説明できる方がいれば、もしかしたら「アラブ炊き込みご飯通」を名乗れるかもしれません。小麦文化が強いと考えられる中東のアラビア半島ですが、意外と米食も盛んでありバスマティライスが主流になります。アラビア半島、特にサウジアラビアでよく食べられているのはカブサになります。カブサの語源は絞る、プレスする、という言葉で1つの鍋で調理が完結することもあり、素材の味を絞り出して作るという調理方法を感じさせる言葉です。基本的には米、肉、野菜、そしてスパイスを混ぜて作る炊き込みご飯のようなもので、よく使われる肉は鶏肉、羊肉が多く内陸部ではヤギやラクダなども使うことがあり、沿岸部では肉の代わりに魚やエビを使うこともあります。このカブサを作る時に混ぜ合わせるスパイスを「カブサマサラ」といって一般的にはクミン・カルダモン・シナモン・コリアンダー・ガランガル（しょうがの一種）・黒コショウ・クローブ・黒ライム・ターメリックなどのスパイスで構成されます。このカブサマサラは市販のカブサマサラとしてパッケージで売られていることが多いのですが、地方、家庭でも配合が異なっています。さらに追加する素材に松の実、ピーナッツ、レーズンを加えることもあり各家庭で異なる味であることから、サウジの各人が「うちの家のカブサこそが世界で1番美味しいよ！」と味自慢をしてご家庭に招かれた際に振る舞われることがあります。ぜひ中東各国を訪れた際には各国各地域の炊き込みご飯の味を東西南北で楽しんでいただければと思います。

▲市販のカブサマサラ

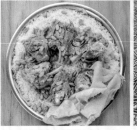

▲左からマチブース、マンフサ、3枚目手前がマンディで奥がカブサ

ケニア

●ケニアにビリヤニ！？

　意外に思うかもしれないが、実はアフリカ大陸にもビリヤニが存在し、ケニアやタンザニア、ソマリアなどで食べることができる。

　どのような経緯でビリヤニがアフリカ大陸に伝わったのかは定かではないが、ケニアなどには多数インド人がいることから、元々インド人が作っていたものをアフリカの人が現地に合わせて変化させていったのではないかと推測できる。

▲ケニアで食したビリヤニ

　写真からもわかるように、味＆色づけされたお米にトマトベースのグレービーをかけているのが特徴。味は、スパイスがほんのり香るお米にトマト煮込みがかかった感じだ。お米はバスマティライスではなく、具はチキンが定番だそう。

●ケニアのビリヤニとの出会い

　ケニアにビリヤニが存在するのは知っていたが、実際に見つけた時は感動的だった。どうしてかというと、旅行当時エジプトから南下して東アフリカ縦断の旅をしていたのだが、エジプトとスーダンの主食は平べったいパン「アエーシ」、エチオピアは酸味が強く、慣れない人には腐ったように感じられる「インジェラ」、以南では名称は場所によって変わるものの、穀物の粉をお湯で練って団子状にした「ウガリ」で、数週間ぶりのお米だったからだ。

　ケニアのビリヤニは、首都ナイロビでしか見つけることができず、提供しているお店も比較的きれいなレストランで、みんながビリヤニを知っているわけではなかったのでまだ国民食としては認知されていないようだった。残念ながらケニアビリヤニを出しているお店は日本にはないので、アフリカを旅する機会があれば、ぜひレアなケニアビリヤニを食べてみてほしい。

インド ————————————

デリー

●イスラム系料理の宝庫

イスラム文化が根強いインドの首都デリーでは、デリー特有のビリヤニを食べることができる。特にデリーの大きなモスクであるジャマーマスジッドの周りには、ビリヤニ店とイスラム系レストランがひしめいており、有名な老舗レストラン、カリームホテルもここにある。

●デリービリヤニとは？

デリービリヤニの特徴としては、お肉とグレービーをオレンジ色に着色すること、具としてグリーンチリのアチャールを使うこと、お米がセーラ米であることと、3つのポイントがある。

ビリヤニが炊き上がって上の部分をオレンジで着色するのは一般的だが、お肉やグレービー自体を着色するのは珍しい。そのため、お肉をはタンドリーチキンのような濃い色をしている。

味はスパイシーではなく油っこいが、セーラ米を使っていることで、お米がプリッとしていて食べごたえあり。作り方は、グレービーを作りその上からほどよく炊いたお米を入れる一層のパッキビリヤニだ。

●デリービリヤニを食べるには？

デリービリヤニは、デリーやグルガオンの街を歩いていれば、1kmに1つは屋台があり、特にモスクがあれば、そこには必ずビリヤニ屋がある。（116－117ページ参照）

有名なお店に行きたい場合は、下記の3店に行けばまず間違いないだろう。

1. ジャママスジッドの有名店
   Al Jawahar
2. デリービリヤニの作り方を見学させてくれる Babu Shahi Bawarchi
3. 裏路地にある有名店
   Dil Pasand Biryani

個人的にはデリービリヤニはそこまで好みではないが、そこら中で食べられるので、気軽に楽しめるビリヤニでもある。

▲ジャマーマスジッドのビリヤニ

▲炊きたてのデリービリヤニ

コルカタ

●実は有名な「コルカタビリヤニ」

インド料理好きであれば、コルカタ＝ベンガル地方＝魚料理というイメージを持っている人が多いのではないだろうか？私もその1人だったが、実はビリヤニが盛んに食べられている都市で、コルカタ特有のビリヤニ文化が形成されており、私も訪問してからすっかりコルカタビリヤニの虜になった。

●コルカタビリヤニの特徴

コルカタはベンガル地方に属し、魚がよく食されるため、ビリヤニも海鮮系かと思われたが、具には基本的にお肉が使用される。

そしてコルカタビリヤニの特徴は、何といっても香りだ。味は比較的薄く、香りを楽しむビリヤニといっても過言ではない。ビリヤニを食べ、鼻から抜ける香りを存分に楽しもう。

ほかのビリヤニと違うこの香りは、ケオラウォーター、ミーターアーターなどのエッセンス類によってつけられているもので、これがなければコルカタビリヤニにはならない。

▲コルカタビリヤニに欠かせないエッセンス
　ミーターアーター

またもう1つの特徴は、大きなじゃがいもが入っていること。

パキスタンのシンディビリヤニのように、じゃがいもが入っているビリヤニはほかにも存在するが、コルカタビリヤニに入っているじゃがいもはサイズが大き

▲屋外で調理中のコルカタビリヤニ

▲じゃがいも入りビリヤニ

く、丸々1個がそのまま入っていたりする。

そしてコルカタビリヤニの作り方は、パッキビリヤニで、ライタやグレービーは何もついてこない。

●日本でコルカタビリヤニは……

私が知る限り、日本でコルカタビリヤニを提供しているお店は今のところない。そもそもコルカタビリヤニに必須なミーターアーターが日本に売っていない時点であの香りのビリヤニを作るのは不可能だと思われる。

「自分では作れない……」という方のために日本ビリヤニ協会のイベントでもコルカタビリヤニを作る会を設けているが、機会もそう多くはない。日本からインド行きの航空券で、たいていはコルカタ行きが一番安いので、思い切って本場インドでビリヤニを食べてくるのもアリではないだろうか。

●コルカタビリヤニ御三家

コルカタにはパークサーカスというムスリム街の地区があり、コルカタムスリム系の有名レストランが並ぶビリヤニ激戦区でもある。その中でも御三家とされているレストランを紹介したい。

①Royal India Hotel

コルカタの人におすすめのお店を聞くと大体1番に上

がってくる超老舗レストラン。ビリヤニの味つけ自体はあっさりだが、香り豊か。ビリヤニ以外にもメニューが豊富でどれも美味。お肉・オイリーな料理が主で典型的なコルカタムスリム系のメニュー。コルカタに行った際は一度は訪れてほしいレストランだ。

②Shiraz Golden Restaurant

コルカタに何店舗か支店があり、①と並ぶコルカタの老舗レストラン。典型的なコルカタビリヤニだが比較的味が濃いめ。ビリヤニの提供は12時からのため、訪問する際は注意が必要。

③Arsalan

こちらもコルカタに何店舗か支店があり、①②と同様の老舗レストラン。マトンビリヤニのお肉がとにかく柔らかく、ほかのレストランとは一線を画する。インドで一般的に食べるお肉とは段違いのおいしさ。

チェンナイ

　少し前に日本で南インド料理が流行ったが、南インドにも北インドとは一風違うビリヤニが存在する。そこで南インドの代表的な都市、チェンナイのビリヤニを紹介したい。

●チェンナイビリヤニの特徴

　チェンナイビリヤニの特徴は、層にはせず、生米から炊き込むタイプであるということ。そのためお米がしっとりしており、味、色とも均一になっている。ビリヤニと聞いてイメージするオレンジ・黄・白といったお米の色のグラデーションはない。味的には、口に入れた瞬間「トマトだ！」とわかるほど、トマトベースのものが多数を占める。

●チェンナイビリヤニはつけ合わせ必須？

　チェンナイビリヤニには、必ずライタとミルチ・カ・サラーン以外のグレービーがついてくる。

　しかもライタが特徴的で、一般的なライタはヨーグルトに少量の野菜を入れものだが、チェンナイビリヤニのライタは玉ねぎにヨーグルトを和えたと表現した方がしっくりくるほど玉ねぎの量が多い。

▲左上がよく見るチェンナイのライタ

●南インドのビリヤニを食べたい方はシンガポールへ！

　シンガポールには南インドから移住しているタミルナード州出身のインド人、タミル人が多いため、チェンナイと同じようなビリヤニを食べることができる。

　「インドには行けないけど、南インドのビリヤニが食べてみたい」という方はシンガポール行きを視野に入れよう。日本でも神谷町にあるニルワナムというお店で南インド系ビリヤニを楽しめる。

▲チェンナイのビリヤニ

▲駅弁のビリヤニも色が均一

モラダバード

　モラダバードはインドの中でもあまり有名な街ではないのだが、デリーでビリヤニを探しているといたる所で、「モラダバードビリヤニ」の文字が目に入ってくる。ハイダラバードやアフマダーバードのような「○○バード」という名がついている街は基本的にイスラム色が強いことから、モラダバードにも美味しいビリヤニがあるのでは？と思い、実際に足を運んだ。デリーから約200km東に位置する小さな町で、これといった観光名所もないため、普通の旅行者はまず行かない場所かと思われる。

　モラダバードビリヤニはあまりスパイシーさがなく、プラオに近い食べやすい味だ。

　作り方も、ホールスパイスとお肉を煮込んだヤックニーというだし汁を用意し、その中に生のお米を入れ、炊き上がったらところどころオレンジ色に着色する。最後の着色の手順を除けば、ほぼプラオと変わりない。具としては、玉ねぎは少量しか使わないが、グリーンチリは必ず使うようだ。

　つけ合わせが少し特徴的で、ライタの場合もあるが、トマトとチリのチャットニーというソースのようなものが主流だそう。

　デリービリヤニとモラダバードビリヤニは、味、作り方と似ている点は多いが、一番の違いはお米の種類。デリービリヤニではセーラ米を使い、モラダバードビリヤニはバスマティライスを使っている。

　デリーではデリービリヤニと同じくらい、どこでもモラダバードビリヤニを食べることができるが、なぜここまでモラダバードビリヤニがデリーで広がったかは定かではない。おそらくモラダバードからデリーに出稼ぎにきた労働者が、ビリヤニ店を開業して広めたのではないだろうか。モラダバードへ行けない場合は、デリーでモラダバードビリヤニが味わえるのでぜひ試してみてほしい。

▲屋台で購入したモラダバードビリヤニ

▲本場モラダバードのビリヤニ

ハイダラバード

ビリヤニは地域によって味が異なるが、インドで一番ビリヤニが有名な都市といえば、何といってもハイダラバードだ。私もハイダラバードビリヤニがビリヤニの中で一番だと思っているほど美味しい。ここでは、私が大好きなハイダラバードビリヤニの特徴をいくつか紹介していきたい。

●生肉から炊き込む「カッチビリヤニ」

ハイダラバードビリヤニの最大の特徴は、生肉をマリネし、その状態から炊き込むこと。

ビリヤニの作り方は、グレービーと呼ばれる、いわゆるカレーを作り、その上にほどよく炊いたお米をのせて、層にして炊く「パッキビリヤニ」方式が主流だ。

それに対して、ハイダラバードビリヤニは「カッチビリヤニ」方式で作られており、グレービーにあたる部分がヨーグルトやスパイスでマリネした生肉で、その上にある程度まで炊いたお米をのせ、層にして炊き込む。ちなみに「カッチ」とは「生」という意味の言葉だ。

ハイダラバードビリヤニは余分な水分を使わず、お肉の旨みがお米に最大限に吸収されるため、お米が最高に美味しくなる。

作る過程においては、肉に火が通っていない状態から炊き込むため、パッキビリヤニよりも長時間火にかける必要がある。

動画サイトなどでビリヤニ作りの動画を見たことがある方は知っているかと思うが、下のみから長時間火にかけていると、底が焦げてしまうため、フタの上に炭を置いて、ダッチオーブン式に火にかけることが多い。このじっくり弱火にかける調理法をダムという。ただ家庭で作る量であれば、下からの火のみでも十分調理可能だ。

▲ヨーグルトやスパイスでマリネした生肉

▲ダムで調理中のハイダラバードビリヤニ

●つけ合わせはライタだけではなく、ミルチ・カ・サラーン

ビリヤニには基本的にライタというヨーグルトのソースがついてくるが、ハイダラバードビリヤニには、ミルチ・カ・サラーンというピーナッツベースのグレービーに青唐辛子が入ったカレーがついてくる。

ちなみに「ミルチ」は「唐辛子」という意味で、ここが「バインガン」となるとナスを使ったバインガン・カ・サラーンとなる。

個人的にはビリヤニには何もかけないで食べる派なので、普段ミルチ・カ・サラーンは必要としていないが、ビリヤニにかけずに普通のカレーとして食べても、香ばしいピーナッツの香りがたまらなく美味しい。

●日本でハイダラバードビリヤニが食べられるお店

122ページでも紹介している、御徒町や銀座に店舗を構えるアーンドラキッチンは曜日限定でハイダラバードビリヤニを出しており、本場ハイダラバードの味を提供しているお店だ。

ちなみに日本だけではなくインドでも、ハイダラバードビリヤニではないのに、とりあえずハイダラバードと名乗っているビリヤニがあるので、偽物には注意してほしい。

●インドで食べられる絶品ハイダラバードビリヤニのお店

ハイダラバードに本店を構え、主要都市に支店を持つ、インドビリヤニ界で初めて全国展開に成功したビリヤニ専門店「Paradise」のビリヤニは、一度は味わってもらいたい絶品さだ。ハイダラバードには、BawarchiやCafe Baharといった有名店があるが、Paradiseもその一角にあたる。

デリー・グルガオンにも支店があるので、インドへ行った際にはぜひ立ち寄ってほしい。「本場のビリヤニってやっぱり美味しい！」と感じられること間違いなしだ。

▲左がライタで右がミルチ・カ・サラーン。どちらもハイダラバード定番のつけ合わせ

◀▼屋台はあまり存在せず、専門店としてビリヤニを出している店が多い

プラオとビリヤニの違い

「プラオ」という料理をご存知だろうか？ビリヤニ同様、プラオはインドで幅広く食べられている炊き込みご飯の1つである。ビリヤニついて深く調べていくと必ず、どちらも同じインドを代表する炊き込みご飯なのに、違いは何なのかという壁にぶつかるだろう。

実は明確な分類は非常に困難で、この疑問を解決すべく、インドやパキスタンで実際に聞いて回ったことがあるが、残念ながら明確な答えを持っている人に出会ったことはない。

この問題はインド料理界にとって壮大な議題で、インド料理マニアが集まれば数時間議論できる話だと思うが、私は下記にて大枠分類ができるのではないかと考えている。

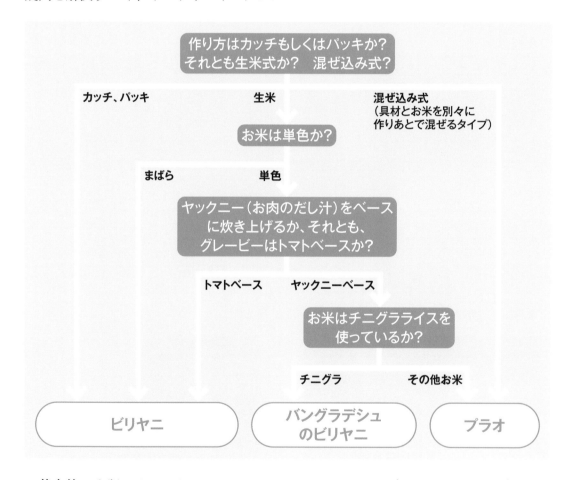

基本的に上記のチャートでビリヤニとプラオを大枠で分類できると思うが、例外もあるため、私が最終的に行き着いた結論は、「作り手がビリヤニといったらビリヤニで、プラオといったらプラオ」であるということだ。

（プラオのレシピは78ページへ掲載）

ビリヤニライスとエッグビリヤニ

インドでビリヤニのお店に行くと、稀に「ビリヤニライス」を見つけることがある。

これは、チキンやマトンビリヤニのお肉が盛られない、お米だけのビリヤニを指すことが多い。日本のラーメンに例えると素ラーメンや替え玉といったらわかりやすいだろう。

お店にもよるが、チキンやマトンビリヤニを作った鍋からお肉を盛らないで提供されるお店が多いので、ベジタリアンの人は注意が必要なメニューだ。

実はこれはエッグビリヤニでも同じことがよくあり、エッグビリヤニ専用にビリヤニを作っているのではなく、チキンやマトンビリヤニから盛る時にお肉を抜いて、代わりにゆで卵をのせるだけのことがあるので、色々な種類を食べてみたいと思ってわざわざ頼んでも同じ味のことがあるのでこれも注意をして注文してほしい。

ビリヤニに欠かせないギー

ビリヤニを作る上で、必ず出てくる材料が「ギー」だ。ギーとは、バターから水分、タンパク質などの不純物を取り除いた、バターをより精製した油のこと。近年日本でも健康志向の高い人の間で、質の良い油として注目を集めている食材の1つではないだろうか。

ちなみにギーは、ビリヤニやインドスイーツなどの料理以外にも、インド・スリランカの伝統医学アーユルヴェーダでも使われている。

ビリヤニを作る際に必ず出てくるギーであるが、必須かといわれると、私は無塩バターで代用しても問題ないと思っている。それは結局ギーはコクや香りを追加するものなのであって、無塩バターで十分その役割を果たせるからだ。使い方としては、蒸し上げる際に入れるか、炊き上がってから最後に垂らして使うのが一般的だ。現地ではビリヤニに使う油をすべてギーで作るレシピもあるが、多少くどくなりがちなので、私は前途の使い方をする。

無塩バターで代用可能といっても、やはり本場と同じようにギーを使いたい、という方はインド食材店に行けばギーを見つけることができる。ただこの時に注意していただきたいのは、植物性油に香料を入れて作った合成ギーもあるので、食品ラベルをチェックする必要がある。ラベルを見てもよくわからない場合は、ピュアギーと書かれている商品であれば問題ないであろう。

海外で美味しいビリヤニを見つけるコツ

インドへ行ったけれど、「美味しいビリヤニを見つけられなかった」「ビリヤニに出会わなかった」との声を時々耳にするので、インドだけではなく、世界各国でビリヤニを食べ歩いた私の経験をもとに、海外での美味しいビリヤニの探し方を紹介したい。

まず覚えておいてほしいのは、ビリヤニはイスラム教徒の料理であるということ。ビリヤニという料理の成り立ちを知っておくことが、美味しいビリヤニを見つける上では最も重要である。

ビリヤニの成り立ちには諸説あるが、ペルシャ帝国（現在のイラン）がイスラム教の普及とともに南アジアに侵略し、インドでムガル帝国時代に発展を遂げた食べ物だとされている説が有力だ。そのためビリヤニは元々ムスリムの食べ物なので、美味しいビリヤニを作っているのはムスリムが多い！　それでは、ムスリムはどこにいるのか？

❶音を頼りにモスクを探せ

インドではたいていの場合、ヒンドゥー教徒とムスリムは別々のエリアに住んでいることが多く、どちらも同じ宗派同士集まって生活をしている。そこでムスリムが多く住んでいる場所を探すには、イスラム教徒の礼拝所であるモスクを探すことが一番確実な方法だ。

モスクを探すには、ムスリムへ礼拝を呼びかける号令「アザーン」に耳を澄まし、それが聞こえる方へ進んでいくと良い。アザーンはモスクから流れてくるため、音を辿れば必ずモスクが見つかる。ビリヤニは金曜日の礼拝後に食べる料理であることからも、モスク周辺には必ず美味しいお店が存在するのだ。

▲デリーのムスリム街にあるビリヤニ

▲デリーのジャマーマスジッド周辺には美味しいビリヤニのお店が集結する

❷相手がムスリムかを見極めろ

　また、別の方法としては、歩いているムスリムにおすすめのお店を聞くのも確実だ。日常的にビリヤニを食べているムスリムの多くは、美味しいビリヤニを提供するお店を知っている。

　ただ、見知らぬ人にいきなり「あなたはヒンドゥー教徒ですか？ムスリムですか？」と尋ねるのは難易度が高いので、外見からムスリムかどうかが知れるポイントを覚えておくと声をかけやすい。ムスリムを見極めるには、あご髭を伸ばしているか、シャルワルカミーズ（民族衣装）を来ているか、帽子をかぶっているか、をチェックしよう。（※これに当てはまらない場合もある）

　そして見つけたら臆さずビリヤニについて聞いてみてほしい。大体はこころよく美味しいお店を教えてくれる。ただ、ムスリムに美味しいビリヤニを聞いてお店に行った結果、大体はモスクにたどり着く。

▲典型的なムスリム

　今回紹介した方法に加えて、日本ビリヤニ協会公式通販サイトにて販売している、インドの主要5言語で「ビリヤニ食わせろ」と書かれたTシャツや、「No Biriyani No Life」と書かれた日本ビリヤニ協会オフィシャルTシャツを着ていけば、さらに簡単に見つけることができる上に、探すのが一層楽しくなるだろう。インドではない他国でも通用するので、ぜひ実践してみてほしい。

▲「No Biriyani No Life」
　「ビリヤニ食わせろ」Tシャツ

ビリヤニ協会おすすめ　ビリヤニ旅ルート

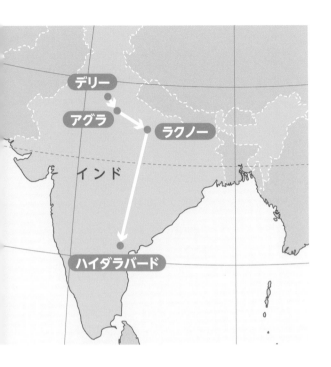

インドでビリヤニを巡る旅をするのであれば、ムスリムが多い地域を旅するのをおすすめする。初めてのインドであれば、インドでのビリヤニの2大聖地である「北のラクノー、南のハイダラバード」は外せないだろう。そこでビリヤニ協会がすすめたいのがデリー・アグラ・ラクノー・ハイダラバードを巡るルートだ。

ちなみに、上記に似たルートで旅行代理店とコラボしてツアーを企画したが、残念ながら定員が集まらず没となった……。企画した時期が2017年とまだ日本でのビリヤニの認知が低かったので、時期尚早だったのかもしれない。

デリー

デリーはインドの首都ということもあって、インド各地の料理を食べることができるので、食の宝庫ともいえるだろう。ただせっかくデリーに行くのであれば、他の地域のインド料理ではなく、デリーで有名な料理を食べてほしい。

特におすすめなのが、オールドデリーといわれる、旧市街だ。オールドデリーには、ムスリムが多く住んでおり、そこら中でデリービリヤニやモラダバードビリヤニを食べることができる。ビリヤニがあるお店の隣に、またビリヤニを出しているお店があるという環境なので、すべてのお店で食べようとすると難しいが、ぜひ色々なお店で食べ比べて、その地域のビリヤニの味を堪能してほしい。大体どの屋台でも量り売りをしているので、少量だけ頼んで、次に行くのがおすすめだ。最悪その場で食べきれなくても、持ち帰りもできる。屋台であったら大体20〜50Rs（30円〜75円）で食べることができる。

またオールドデリーではビリヤニだけではなく、日本のインド料理店で出てくるようなカレーではない、表面が油で覆われたムスリム系のカレー（ムガル料理）や様々なケバブ（焼き物）も食べることができる。

さらにデリーで一番有名といっても過言ではない「カリームホテル」があるのもこのオールドデリーだ。

ただオールドデリーは、インドで一番インドらしく混沌としている地域なので、そういった雰囲気が好きな人は心配ないが、苦手な人はかなり抵抗があると思うので、無理をしないでもらいたい。

アグラ

アグラといえば、世界遺産になっているタージマハルが有名だろう。タージマハルは、ムガル帝国第5代のシャー・ジャハーンが、亡くなった最愛の妃ムムターズ・マハルのために建立した霊廟であるため、まさにムスリムの象徴だ。

タージマハルの近くには、観光客用のきれいなレストランがあるが、そこには入らずに周辺を歩き回っていると、そこら中にビリヤニの屋台が見つかる。

デリーとアグラは、200kmほどしか離れていないのに、ビリヤニの作り方、味などは、全く違う。アグラのビリヤニは、生米式で油っこく、しょっぱい。だがこれが美味しくくせになる。

ちなみに私がビリヤニに感激して、ハマるきっかけを作ってくれたのがアグラで出会ったビリヤニである。

アグラのビリヤニは基本的に屋台だが、ぜひ食べていただき、ついでにタージマハルの見学をしてはいかがだろうか？

ラクノー

インドでビリヤニといえば、ハイダラバードが有名だが、ハイダラバードについで有名なのがラクノーだろう。そのため私たちは、インドのビリヤニの2大聖地と敬意を評して「北のラクノー、南のハイダラバード」と呼んでいる。

ラクノーはムガル帝国から独立し、アワド藩王国の首都として栄えた都市だ。

諸説あるが、ラクノーがビリヤニで有名な理由は、パッキビリヤニ発祥地だといわれているからだ。

ラクノーのビリヤニは、比較的あっさりしていて、食べやすいビリヤニだったが、正直味にこれといった特徴はなかった。唯一いえるのは他の地域では見たことがない、持ち帰り用にどこのお店でも四角形の箱に入れてくれることは覚えている。

ビリヤニの味は好みがあるので、ラクノーのビリヤニには賛否両論あると思うが、ビリヤニが有名な都市として、一度は訪れておくべきだと思う。

ハイダラバード

ビリヤニを語る上で、間違いなく外せないのが、ハイダラバードだ。インド人にどの都市がビリヤニで有名か質問すると、間違いなくハイダラバードと答えるだろう。日本でたこ焼きといったら大阪のように、インドではビリヤニといったらハイダラバードなのだ。

実際にハイダラバードには、数え切れないほどビリヤニのお店があり、インドの都市で一番ビリヤニを見つけやすいといってもいい。実際にビリヤニは、ハイダラバードの人にとってソウルフードであり、お祝い事で食べるのはもちろんのことながら、日常的に食べられている料理だ。

では、なぜそこまでハイダラバードのビリヤニが有名なのか？

それは、ハイダラバード特有の作り方であるカッチ式により、お米はフワパラ、スパイスにつけ込まれたお肉に旨味が凝縮されていて、他のビリヤニでは味わえない一層香り高いビリヤニを味わえるからではないだろうか。ちなみにハイダラバードのビリヤニは、屋台よりもレストランで食べることが多く、1食200Rs（約350円）ほどと他の地域と比べると値段が高いが、1人前の量も半端なく、お腹がはち切れるほどのビリヤニが提供される。

ハイダラバードには多くのお店があるが、まずは下記の4つの有名店に足を運ぶのがおすすめだ。

1.Bawarchi
2.Paradise
3.Pista house
4.Cafe Bahar

ちなみにインドには、似たような名前の偽物のお店があるので要注意。

お店によってはイスラム教の断食期間、ラマダン限定になってしまうが、ハイダラバードはハリームという、お肉、豆、小麦をペースト状になるまで煮込んだ料理も有名なので、ぜひ試してもらいたい。

日本のビリヤニ事情

お店で食べる

　私たちが活動を始めた2011年と比べると、本格的なビリヤニを出すお店は増えてきたが、まだ日本ではビリヤニが定着したとはいえないと思う。

　日本には数多くのインド料理店があるものの、やはりほとんどのお店でカレーとナンがメインとされ、稀にビリヤニがメニューにあっても、いわゆるチャーハンのように、フライパンでカレーとお米を炒めて作るうそビリヤニが出てくることがほとんどだ。このうそビリヤニはインドにも存在するし、ビリヤニとは別物と考えて食べれば美味しいので否定するつもりはないが、初めてビリヤニを食べた人にこれがビリヤニだと認識してほしくはない。

　そもそもビリヤニは、炊き込みご飯といういう料理の性質上、調理時間が長く、少量での調理に向かないため、すべてのお店でビリヤニを提供するのは難しいという事情がある。本格的なビリヤニを出しているお店かを見極めるためには、事前にグルメサイトなどで、料理の写真を確認するのをおすすめする。

　写真で本格的なビリヤニか見極めるポイントとしては、まずお米の種類が日本米かバスマティライスかを見てみよう。次はお米がまばらな色をしているかを確認だ。生米式のように色が均一なのビリヤニもあるが、カッチ、パッキ式でビリヤニを作るとまばらなお米の色になるので、お米のグラデーションを確認すると良い。また曜日限定、事前予約、調理に時間がかかるといっているお店は大体本格的なビリヤニを出していると思っていいだろう。

POINT 1
お米がバスマティライス

POINT 2
お米がの色がまばら

▲本場では大きな鍋での大量調理が基本で、少量で調理される場合は少ない

家で作る

　まだまだ一般家庭にビリヤニは浸透していないとは思うが、私たちが2013年に日本で初めてビリヤニを炊飯器で簡単に作れる素（ビリヤニキット）を発売した。

　この商品は、レトルト加工されたグレービーとバスマティライスがセットになっており、初心者でも気軽に家で本格的なビリヤニが作れるようになった。それ以来、ビリヤニのマーケットは徐々に広がっ

て行き、大手食品メーカーが炊いたお米に混ぜるビリヤニの素を販売したり、大手スーパーで冷凍ビリヤニが販売したり、インドのビリヤニのレトルト食品が輸入されるなど、少しずつだが、家で容易にビリヤニを作って、食べたりできるようになってきている。ただ、まだまだ日本米を前提にしたビリヤニの素が多いので、バスマティライスが一般的なスーパーで手に入る日が来るのを願っている。下記が日本に存在する家庭でビリヤニを作れるの商品のポジショニングマップだ。

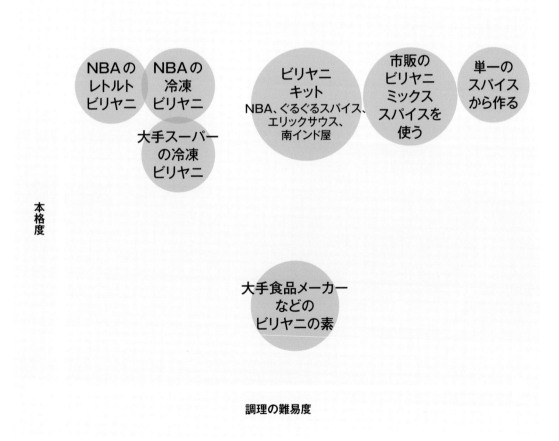

本格度

調理の難易度

※NBA…日本ビリヤニ協会

日本のおすすめビリヤニ店

ビリヤニを出しているお店は年々増えており、今は少し足を延ばせば日本にいながら美味しいビリヤニにありつける。カレーとお米を炒めただけではない、本格的なビリヤニを味わいたい人にすすめたいのが以下のお店だ。どの店舗もたいていボリューム満点で提供されるため、お腹を空かせて足を運ぼう。

アーンドラキッチン

日本で数少ない本格的なハイダラバードビリヤニを出しているお店。ビリヤニの中には柔らかなお肉が埋まっており、玉ねぎ、レモン、ライタ、ミルチ・カ・サラーンが添えられて提供される。ビリヤニはしっかりとスパイスの香りがして油っこくなく、旨みがありつつもさらりとした口当たり。

ハイダラバード・ダム・ビリヤニのほか、ランチにはビリヤニミールスもあり。ビリヤニ以外のメニューも豊富で、心ゆくまでインド料理を楽しめる。

住　　　所：東京都台東区上野3-20-2 水野ビルB1F
電話番号：03-5818-6564
営業時間：平日11:15〜15:00、17:00〜23:00
　　　　　土日祝11:30〜15:00、17:00〜22:00
定 休 日：年中無休

カーン・ケバブビリヤニ

店名にビリヤニと入っていることからもわかるようにビリヤニに力を入れているお店。常時パキスタンの本格的なビリヤニを提供していて、都内に姉妹店が数店舗あり、日本のビリヤニ認知度向上に間違いなく貢献している。マトンは臭みがなく、非常に美味。スプーンでほぐれるほど柔らかい。オレンジ、黄、白のお米のコントラストがはっきりしており、見た目にも美しい。平日のスペシャルランチサービスにはビリヤニセットがあり、ホクホクチキンビリヤニ、柔らかラムビリヤニ、季節の野菜ビリヤニの3つから選べる。

住　　　所：東京都中央区銀座8-8-11
　　　　　銀座博品館 6F
電話番号：050-5570-3116
営業時間：11:00〜15:00　17:00〜23:00
定 休 日：年中無休

カラチの空

タン」ともいわれている。店内には有名人のサインが並び、雑誌やテレビなどへのメディア出演も多い。

チキンビリヤニは常時提供、マトンビリヤニは週末限定メニューとなっている。ボリューム大のため、食べきれない場合は声をかければ持ち帰りも可能。小食にも嬉しい。

元々は、周辺に住むパキスタン人向けに本格的なパキスタンのビリヤニを提供していたが、日本のインド・パキスタン料理マニアに発掘され、今や有名店となったお店。埼玉県の八潮市はパキスタン人が多いことから別名「ヤシオスタン

住　　所：埼玉県八潮市中央1-7-11 三木ビル
電話番号：048-933-9888
営業時間：11:30〜23:30
定 休 日：年中無休

サラムナマステ

スパイスの味わいがありつつ辛さはほぼないため、お子さんや辛みが苦手な人も美味しく食べられるビリヤニ。期間限定で提供されるビリヤニもあるので、お店の張り紙やSNSをチェックしていると、珍しいビリヤニにありつけるかもしれない。こちらも食べきれない場合は持ち帰り可能。

ネパール出身の店主が、可愛らしい日本語で呟くSNSが話題になり、有名になったお店。一斗缶ビリヤニやうそビリヤニなど、ビリヤニの関する名言もここからきている。もちろんこのほんとビリヤニは、本格的なビリヤニだ。

住　　所：東京都杉並区梅里2-9-10
電話番号：03-3311-1132
営業時間：11:00〜15:00　17:00〜22:00
定 休 日：年中無休

※営業時間、定休日は変更となる場合がございます。来店前に事前にお確かめください。

イチオシ! お取り寄せビリヤニ

　一から自分で作るのはハードルが高い、スパイスを揃えるのが大変、冷凍やレトルトで気軽に食べたい！ そんな人におすすめしたいのが、お取り寄せビリヤニ。温めるだけで食べられるものや炊飯器調理ができるもの、スパイスが調合されたビリヤニマサラまで、自分に合ったものを探す楽しさも味わえる。

レトルト

Gits ベジ ビリヤニ

Gits Food Products Pvt. Ltd.　店頭価格　265g

湯煎か電子レンジで温めるだけでOKの、手軽に楽しめるレトルトビリヤニ。ハラル認証を受けているためムスリムも食べられる。じゃがいも・玉ねぎ・グリーンピースがごろごろ入った、あっさり系の味わい。ベジタリアンにもおすすめ。

チキンビリヤニ／マサラベジタブル

Freshmate Co.　店頭価格　275g

パキスタンのメーカーのレトルトビリヤニ。こちらも湯煎か電子レンジで温めるだけでOK。一口大のチキンが入ったチキンビリヤニと、トマトやじゃがいも、にんじんが入ったマサラベジタブルがあり、両方ともハラル認証。ほかにビーフビリヤニもある。

【レトルト】フィッシュビリヤニ

NBA　¥650　250g

インドのケララ州でビリヤニによく使われている、日本では中々味わえないカイマライスと、海に面したケララ州らしい魚を使ったレトルトビリヤニ。しっとりしたお米と、柔らかなキハダマグロの身が相性抜群。

レトルトキット

ビリヤニキット

NBA　¥850　3人前

温めるだけのレトルトだと物足りない人に試してほしい、ハイダラバードビリヤニの素とバスマティライスが入ったキット。鶏肉を準備し、あとは炊くだけ！炊飯器と鍋での調理ができるため、自分の腕に合った調理法が選べる。

冷凍

〈NBA〉ハイダラバードチキンビリヤニ

NBA　¥1300　300g

日本ビリヤニ協会会長のビリヤニ太郎のお手製。現地で教わったレシピで作られており、本場の味が再現されている自信作。電子レンジで加熱するだけで食べられる手軽さが嬉しい。ハラル対応。

炊飯器で炊けるチキンビリヤニキット
エリックサウス　¥1800　2~3人前

冷凍された鶏肉とバスマティライス、スパイスが入っているビリヤニキット。大きめのお肉がたっぷり入っており、ごちそう感満載!本格的な美味しさと炊飯器調理の手軽さが両立した優れもの。

ぐるぐるスパイスの簡単ビリヤニキット
ぐるぐるスパイス　¥1000(送料込み)　4人前

バスマティライスとスパイスミックスが入ったキット。鶏肉と玉ねぎを準備すれば、ビリヤニを作る工程を楽しみつつ、簡単に美味しいビリヤニが楽しめる。マイルドな味つけで食べやすく、辛みが苦手な人にもおすすめ。

炊飯器で作る本格的チキンビリヤニキット
CHAKRA　¥1100　4人前

10種類のスパイスとバスマティライス入り。数年にわたって試行錯誤した結果出来上がった、福岡のミールス専門店のビリヤニキット。鶏肉、玉ねぎ、にんにくやしょうがを準備すれば、手軽に炊飯器で調理できる。

炊飯器で作る ビリヤニキット
南インド屋　¥1458　4人前

スパイスミックスとバスマティライスが入ったビリヤニキット。鶏肉を準備すれば、あとは炊飯器でビリヤニを炊ける。スパイスがふんだんに入っていて香りが強いことが特徴で、スパイス好きにぜひすすめたい逸品。

ビリヤニクックキット
三条スパイス研究所　¥1620　2人前

米とブレンドスパイス、具材となる乾燥野菜のセット。「切り干し」で作った乾燥野菜や純国産のドライフルーツ、三条産ターメリック、新潟県産インディカ米など、一味違うこだわり具材のビリヤニが楽しめる。筒状のパッケージがおしゃれ。

ビリヤニの素「ぴっ」
マサラ屋さん　¥850　75g

インド屋台YouTubeチャンネル「今日ヤバイ奴に会った」の坪和氏が開発した「ぴっ」とビリヤニを作れるビリヤニに必要な材料がミックスされた粉。スパイスだけでなく岩塩やチキンエキスパウダーも含まれていて、ビリヤニ作りに活躍すること間違いなし。辛みが苦手な人に嬉しい甘口タイプの「ぴっ」もある。

NBAビリヤニスパイスミックス
NBA　¥400　40g

スパイスを全部揃えるのは難しいという方に便利な、日本ビリヤニ協会会長ビリヤニ太郎が調合したビリヤニマサラ。各スパイスを最適な割合でブレンドしているので、これ1つで本格的な味が再現できる。

※商品の情報は掲載時のものです。詳細については各自でご確認ください。

おすすめスパイス・ハラルフードショップ

通販ではなく、実際に目で見て材料を買いたいという人は、パキスタンやインドの食材、スパイス、ハラルフードを取り扱っているお店へ足を運んでみてほしい。

新大久保にはイスラム横丁ともいわれるほど、ハラルショップが固まっている一角があるので、一見の価値あり。

GREEN NASCO（新大久保）

新大久保駅から徒歩1分。イスラム横丁にあるハラルフードショップ。（2023年7月現在、仮店舗で営業中）スパイス類や豆、ナッツ類、レトルト食品などタイミングによっては生のカレーリーフなども手に入る。

※写真は仮店舗のものとなります。掲載内容とは情報が変わる場合がございますので、各自でご確認ください。

住　　所：〒169-0073 東京都新宿区百人町2-10-8 1F
電話番号：03-5332-5194
営業時間：10:00〜23:00
定 休 日：年中無休

AGM TRADING（綱島）

綱島駅から徒歩1分、建物の階段を上がった2階にある。インドやパキスタンだけでなく、スリランカやインドネシアなどの食材も揃っており、所狭しと商品が並んだ店内が楽しい。探している商品がある場合や、おすすめのものが知りたい場合は店員に尋ねると親切に教えてもらえる。

住　　所：〒223-0053 神奈川県横浜市港北区綱島西1-1-16 2F
電話番号：045-546-6817
営業時間：10:00〜22:00
定 休 日：月曜日

AL-FLAH SUPER MARKET（池袋）

パキスタン人の店主が経営するハラルフードショップ。池袋駅から徒歩3分ほどの場所に位置するビルの4階にある。広めの店内に整頓された棚が並び、ずらりと揃った商品が見やすい。スパイスや肉類、本場のレトルト食品を中心に、お菓子やお茶も豊富に取り扱っている。

住　　所：〒170-0014 東京都豊島区池袋2-41-2 大野屋ビル4F
電話番号：03-3985-9784
営業時間：11:00〜23:00
定 休 日：年中無休

おわりに

　私がビリヤニの虜になり、普及活動を始めてから12年近くの月日が流れた。この12年で日本のビリヤニを取り巻く環境は目まぐるしく変化した。2010年の前半は、ビリヤニを出しているお店はほとんどなく、知名度はほぼなかったが、ここ最近では、東京都内にはビリヤニを出すお店が50軒以上あり、ビリヤニがメディアなどにも取り上げられ、徐々に知名度が上がってきたと思う。実際にネットでの「ビリヤニ」というワードの検索数も2010年と比べると10倍以上増えている。

　ただ「ビリヤニを国民食へ！」昼食の時に「ラーメン、牛丼、ビリヤニ」で悩む日を目指して。という私たちの目標はまだ達成されていないので、これからも積極的にビリヤニの普及活動を行っていきたい。

　そしてこの本を手に取っていただいた方々にビリヤニを一層好きになってもらい、その素晴らしさを身近な人に伝えてもらえると幸いである。

　　2023年8月　　　　　日本ビリヤニ協会会長　ビリヤニ太郎

魅惑のスパイスごはん ビリヤニ

2023年8月17日　初版第一刷発行

著　者　ビリヤニ太郎

発行者　石井 悟
発行所　株式会社自由国民社
　　　　〒171-0033 東京都豊島区高田3丁目10番11号
　　　　電話 03-6233-0781 （代表）
　　　　https://www.jiyu.co.jp/
印刷所　大日本印刷株式会社
製本所　新風製本株式会社
©2023 Printed in Japan ISBN 978-4-426-12747-3

STAFF　装　丁　　　　　　株式会社 明昌堂
　　　　本文デザイン＆DTP　株式会社シーエーシー
　　　　撮　影　　　　　　コンドウミカ
　　　　編　集　　　　　　黒沢 美月